新疆农业产业结构调整研究

Study on the Adjustment of Agricultural Industrial Structure in Xinjiang

李会芳　著

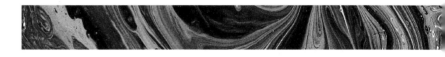

经济管理出版社

ECONOMY & MANAGEMENT PUBLISHING HOUSE

图书在版编目（CIP）数据

新疆农业产业结构调整研究/李会芳著.—北京：经济管理出版社，2022.8
ISBN 978-7-5096-8661-4

Ⅰ.①新…　Ⅱ.①李…　Ⅲ.①农业产业—产业结构调整—研究—新疆　Ⅳ.①F327.45

中国版本图书馆 CIP 数据核字（2022）第 141822 号

组稿编辑：梁植睿
责任编辑：梁植睿
责任印制：黄章平
责任校对：董杉珊

出版发行：经济管理出版社
　　　　　（北京市海淀区北蜂窝 8 号中雅大厦 A 座 11 层　100038）
网　　址：www. E-mp. com. cn
电　　话：（010）51915602
印　　刷：唐山玺诚印务有限公司
经　　销：新华书店
开　　本：720mm×1000mm/16
印　　张：10.75
字　　数：137 千字
版　　次：2022 年 8 月第 1 版　　2022 年 8 月第 1 次印刷
书　　号：ISBN 978-7-5096-8661-4
定　　价：68.00 元

前　言

　　农业产业结构是指一个国家或地区农业内部各生产部门的组成及其相互间的关系，主要包括种植业、林业、畜牧业、渔业之间的产值构成及其内在关系，也包括这些产业内部各类农产品之间的关系，在一定程度上决定着农产品的市场供给。农业产业结构调整是指根据市场对农产品需求结构的变化改变农产品的生产结构，从而使农业生产和市场需求相协调的过程。

　　我国进入了全面开启社会主义现代化建设的新征程。进入新时代，我国社会主要矛盾转化为人民日益增长的美好生活需要同不平衡不充分的发展之间的矛盾，在新的社会矛盾下，人民群众对农产品的品种、品质要求越来越高，对优质农产品的需求明显上升，农业产业结构合理才能向社会提供多元优质的农产品，满足国民经济发展和人民日益增长的对美好生活的需要。

　　新疆作为国家粮食、棉花、林果和畜牧业生产基地，农业经济总量持续增大，农业结构不断调整，农业经济发展取得了明显成效，农业初步形成了以粮食、棉花、林果、畜牧、设施农业、特色农业六大产业为支撑的产业体系。但是，新疆农业发展仍面临许多矛盾和困难，农业结构、产品结构、经营方式等逐渐不能主动适应市场需求变化，农业的主要矛盾由总量不足转变为结构性矛盾。南疆四地州是新疆的重要组成部分,农业是南疆四地州经济发展的重要支撑。要调整新疆农业产业结构,解决新疆农业发展中的问题,首先要调整南疆四地州农业产业结构,解决南疆四地州农业发展的问题。2010~2019 年,南疆四地州第一产业在国民经济中的份额一直下降,从 37.16%下降到 23.45%;第二产业持续上升,从 2010 年的 23.81%上升到 2018 年的 30.32%,2019 年第二产业占比回落到 24.54%;第三产业由 39.02%增长到 52.01%,增长了近 13 个百分点。可以看出,南疆四地州第一产业在三次产业中的比重持续减少。从南疆四地州农林牧渔产值结构变化来看,2010~2019 年,种植业产值比重由 2010 年的 63.86%上升到 2019 年的 69.85%;畜牧业产值比重由 2010 年的 23.31%下降到 21.19%;林业产值比重由 2010 年的 9.46%下降到 2.16%;渔业产值比重由 2010 年的 0.4%提升到 0.53%。南疆四地州主要以种植业和畜牧业为主。从南疆四地州农业产品结构来看,面临着优质优势农产品供给不足、中低端农产品阶段性过剩的问题。总体来讲,受资源环境、地理区位、文化观念制约,南疆四地州农业发展整体滞后。

本书以南疆四地州农业产业结构为例,从南疆四地州农业产业结构调整的必要性以及整体研究,粮食、棉花、林果、畜牧等重点产业结构调整研究,农业产业结构调整的保障机制,喀什地区、和田地区区域发展案例等几个维度,对南疆四地州农业产业结构调整的现状、面临的制约因素和存在的问题进行了详细阐述,指出南疆四地州农业产业结构调整面临的制约因素主要包括:自然条件恶劣、人均占有的耕地资源减少;改革开放滞后、市场化进程缓慢;农业基础设施建设滞后,支撑农业发展的能力不足;农民整体素质较低;科技创新与应用能力不强,支撑能力不足;等等。根据农业产业结构调整的制约因素及存在的问题,本书有针对性地提出了南疆四地州农业产业结构调整的总体思路，以及强化农业基础设施建设、优化农业内部产业结构、推进农产品供给结构优化升级、加强农产品品牌建设、促进农业与二三产业融合、突破要素瓶颈制约、加强基层人才培养等多项促进四地州农业产业结构调整的措施建议。加快推进南疆农业产业结构调整，是加快转变南疆农业发展方式、促进南疆农业提质增效、推进南疆经济社会发展、解决新疆新时代社会主要矛盾、实现新疆经济高质量发展的重要手段。本书提出了推动南疆四地州农业产业结构调整的针对性建议，对南疆四地州农业现代化发展及新疆经济高质量发展都具有重要的理论意义和现实意义。

目　　录

第一章 绪论

第一节 农业产业结构调整的含义、特征及影响因素

一、农业产业结构在经济社会发展中的重要作用

农业产业结构关系着农产品的供给。我国进入了全面开启社会主义现代化建设的新征程。进入新时代，我国社会主要矛盾转化为人民日益增长的美好生活需要同不平衡不充分的发展之间的矛盾。在新的社会矛盾下，人民群众对农产品的品种、品质要求越来越高，对优质农产品的需求明显上升，并且表现出农产品需求多样化的特点。农业产业结构合理才能向社会提供多元优质的农产品，满足国民经济发展和人民日益增长的对美好生活的需要。

农业产业结构关系着农产品的市场需求。随着农业生产力水平的提高，农业发展的主要制约因素由过去单一的资源约束变为资源和需求双重约束，农产品结构和质量问题成为当前农业发展的突出矛盾，农产品供求关系逐步从卖方市场向买方市场转变。由于供求关系的变化，依靠增加农产品数量或提高农产品价格来增加收入的潜力已经不大。调整优化农业产业结构，提高农产品质量和档次，发展名特优新产品，一方面可以适应市场优质化、多样化的需求，另一方面可以提高农业的经济效益，增加农民收入。

农业产业结构关系着农业自然资源的合理利用。任何一个地区的农业自然资源所包括的气候、土壤、地形、地貌、动物、植物等都是多种多样的，

只有把这些资源都充分地利用起来，才能加快农业发展，增加农业收入，农业产业结构同资源特点相适应才能提高农业产业的经济效益。充分发挥区域比较优势，挖掘资源利用的潜力，实现资源的合理配置，提高资源开发利用的广度和深度，才能做到资源的有效利用与合理保护相结合，促进农业的可持续发展。

农业产业结构关系着农业劳动力资源的合理利用，农业产业结构反映了农业劳动力的配置，农业产业结构的变动会引起对农业劳动力的需求和利用的变化，集约化、规模化的农业生产方式，可以释放更多的农业劳动力从事第二、第三产业。

二、农业产业结构的概念

农业产业结构是指一个国家或地区农业内部各生产部门的组成及其相互间的关系，主要包括种植业、林业、畜牧业、渔业之间的产值构成及其内在关系，也包括这些产业内部各类农产品之间的关系，广义的农业产业结构还包括农业产业的地区分布结构。农业产业结构是由多部门和多类别组成的一个多层次的复合体，从一个地区考察农业产业结构一般可以划分为三级：一级结构指种植业、林业、畜牧业、渔业组成的结构，农业产业结构主要是指这一层次上的结构；二级结构指一级结构内部各产业根据产品和产业特点不同而划分的若干个不同产业之间组成的结构，如种植业内部分为粮食作物产业、经济作物产业和其他作物产业，林业内部分为用材林、经济林等不同林木产业，畜牧业内部可分为役畜和产品畜；三级结构指二级结构内部各产业的进一步划分，如粮食作物可划分为食用粮食作物、饲用粮食作物等，畜牧业中的产品又可以划分为养猪、养牛、养羊、养鸡等，依次类推。各级农业产业结构的合理与否都对农业生产的发展起着重要作用。

三、影响农业产业结构的主要因素

一是自然资源的影响。自然资源条件与农业产业结构关系密切，是形成农业产业结构的自然基础，不同的气候、土壤、水分、地貌等自然资源条件，适宜不同的动植物生存，决定了农业生产和经营项目的内容，从而形成不同的农业产业结构。根据自然资源的多样性和差异性，宜农则农、宜林则林、宜牧则牧应是农业产业结构形成中需要遵循的主要原则。

二是市场需求的影响。农产品是用来满足人们基本生理需要的，这一特性决定了农业产业结构首先受人口的数量和消费构成的影响，如人口越多，对粮食的需求就越大，就容易形成以粮食为主的农业产业结构。随着社会生产力的发展，收入水平上升，人们对衣、食、住、用等需求也会由低级向高级、由追求数量向追求质量发展，农业产业结构将随着社会需求的变化而变化。随着工业结构的调整和国际贸易的扩大，对农副产品需求的种类和数量也在不断变化，相应的农业产业结构也随之发生变化。

三是政府经济行为的影响。在既定的社会经济制度下，政府作为国家主体的代表，会根据经济发展的规律性，通过政府行为，利用经济的、法律的、行政的手段来调控农业生产过程，以实现既定的经济发展目标。

四是农业基础设施及农业技术条件的影响。农业产业结构同农业水利设施建设、土地规模化程度影响着农业生产的规模和水平，农业生产工具、农用动力、农用物资、动植物品种的状况和农产品的加工技术、储藏技术及农艺技术等农业生产条件与农业产业机构的关系也十分密切。

四、农业产业结构调整的概念及特征

农业产业结构调整是指根据市场对农产品需求结构的变化改变农产品的

生产结构，从而使农业生产和市场需求相协调的过程。国内很多学者在关于农业产业结构调整的概念方面有很多研究，主要研究如下：周开忠（2000）认为，农业结构调整和优化是农业生产满足市场对农产品多样化要求的客观规律，是农业经济实现数量与质量、速度与效益协调统一以及健康发展的必然结果。熊德平（2002）认为，当前我国农业产业结构调整的含义可以表述为，政府在保证市场制度供给，建立起农业产业结构能动态地适应市场需求的体制和机制基础上，制定并实施积极有效的农业产业政策，引导农业生产者积极主动地按市场需求组织生产，使农业产业结构不断地朝着有利于经济可持续发展方向演化的产业优化与升级过程。卢良恕（2002）认为，农业结构调整可以分为品种结构调整、农业生产结构调整和农村产业结构调整三个层次。熊善丽（2003）根据经济学的原理将农业结构调整定义为农业生产活动中劳动、资本、土地及其他自然资源等生产要素的供给与使用的重新配置。许立新（2004）认为，农业产业结构调整包括产业结构调整、区域结构调整和社会结构调整。

农业产业结构调整主要体现在以下几个方面：一是在农业产业发展过程中生产方式不断优化，在科技的不断推动下，农业生产逐步由粗放型向集约型转变。二是受农业市场发展的影响，农产品生产投入不断现代化，改变了以往的单纯依靠土地、劳动力等生产要素的发展，逐步转向依靠资本、科技、信息等现代化生产要素。三是种植品种不断丰富，从单一的大宗粮、油、棉，向农、林、牧、渔多元结构转型。四是生产模式不断灵活，从完全依照指令性生产到因地制宜灵活生产转型。五是农产品供给不断合理，从单纯追求数量向质量、数量结合转型，提高农产品质量成为普遍意识，全社会的需求条件不断转变。

第二节 农业产业结构调整的研究进展

随着我国逐年加大对农业的投入，理论界和实践界从不同角度在农业产业结构调整的意义、原因、遵循的原则、对策建议、模型的初步建立与应用等方面进行了研究和探讨，并形成了许多具有重要意义的研究成果。

基于农业产业结构调整原因及必要性方面，薛亮（2000）认为，制约农业产业结构调整的主要因素有：自然因素、市场因素、技术因素、决策因素、素质因素。王雅鹏（2001）认为，农业结构调整的发生与发展，主要是因为有本质相同、规律相似的内外在动力机制，主要包括产需平衡机制、利益均衡机制、产业协调均衡机制、区域协调发展机制、社会利益协调及可持续发展机制共五个机制。曹树生、黄也诚（2006）认为，影响农业产业结构调整的因素主要是自然资源、农产品需求、农业技术条件、农业生产过程特点、社会经济条件和农业产业结构演变规律。田燕（2007）认为，对农业产业结构进行战略性调整的主要原因，一是农村经济发展新阶段提出的客观要求，二是党在新时期治理国家和发展国民经济的重要手段，三是实现我国农业现代化的必然选择，四是国际贸易组织对中国参与国际竞争的客观要求。秦德智、邵惠敏（2016）在分析学术界关于农业产业结构优化调整文献综述的基础上，提出了需求变化、生产要素投入和制度变更是影响农业产业结构调整的三大动因。

基于农业产业结构调整存在的问题及制约因素方面，唐萍、刘健（2004）认为，我国农业产业结构调整面临的主要问题是农业结构调整具有局限性，缺乏与市场的紧密结合，调整的极端化和趋同性现象突出，农民既是生产者又是经营者，不适应市场竞争的需要。宁建葵（2010）认为，农业产业结构调整存在的主要问题包括以下几个方面：资金投入不足，龙头企业少、规模小，农民的整体素质不高，农业产业结构调整缺乏科学性、长远性，农业产业化经营水平低，农业区域特色不明显。张廷伟等（2011）认为，新疆农业产业结构调整与优化升级的制约因素主要包括自然灾害引起的环境制约、水资源制约及农业科技条件制约三个方面。徐丽华（2017）认为，农业产业结构调整面临的主要问题包括以下几个方面：一是新时期我国农村地区土地经营模式发生了较大变化，但是分散经验的问题始终无法得到有效解决，过于分散的土地不利于农业规模化种植，影响了农业产业结构调整；二是农业科技水平不高；三是农产品加工转化率较低。

基于农业产业结构调整的主要任务、实现路径及对策建议方面，曹昭义（2002）认为，21世纪初我国农业和农村经济结构调整的方向，首先，在养殖业方面，加快发展畜牧业、渔业。其次，要合理调整农业生产的区域布局，发挥各地农业的比较优势。再次，进一步改革农产品流通市场，实现农产品各个环节增值；另外，要提升农村科技水平，促进以科技和信息服务为重点的农业社会化服务体系建设。最后，在政府服务方面，要加快建立农产品市场信息发布机制、完善食品安全评价体系，按照市场的需求，来引导农民生产优质农产品。卢良恕（2002）认为，农业产业结构性调整要从大局的角度出发，从产品、区域结构整体来考虑，全面提高农产品质量、优化农村产业结构和农业区域结构，实现农业可持续发展及城乡经济协调发展。首先是农业产品结构调整方面：一是实现农产品品种单一状况向多元化转变，努力提高农产品质量档次；二是要加快农业产业结构调整，要鼓励农民发展产业和产业化经营，要依靠科学技术改造传统产业；三是区域布局方面调整，首先要因地制宜，开发本地优势农产品，发挥资源、市场、经济和技术方向的优势，逐步形成本地特色的农业主导产品和支柱产业；四是充分考虑国际市场的需求，发挥我国农产品的比较优势，加大农产品的对外贸易。乔晶（2004）提出农业结构的深度调整应从品质结构、组织结构、市场结构和区位结构四方面入手。郑风田（2004）指出，我国农业结构调整应该借鉴国外的经验，发展规模化、特色化与专业化的产业区，形成有特色的区域产业集群，从而提高我国农业的整体竞争力。高强、孔祥智（2014）认为，新时期推动新一轮农业产业结构调整，必须在坚持和完善农村基本经营制度的前提下，加快创新农业经营体制，构筑农业支持保护新机制，加快推进农业国际化进程。具体调整方面：一是提升小规模农户竞争力，提高集约化水平；二是发展农户联合与合作，提高农业组织化程度；三是培育壮大农业产业化龙头企业，完善利益联结机制；四是加大"三农"投入力度，构筑农业支持保护新机制；五是加快调整农业进出口策略，提升农业国际化水平。

基于农业产业结构调整的实证研究方面，刘楠（2010）基于灰色关联度模型，利用线性加权灰色关联度、邓式灰色关联度、灰色欧几里得关联度、灰色加权欧几里得关联度四种关联度分析方法，根据 2002~2008 年相关数据，实证分析了黑龙江省农业产业结构与农业经济发展之间的关系，并比较了四种灰色关联度计算结果。研究表明，利用邓氏灰色关联度和线性加权灰色关联度的方法进行计算和分析更为适合，畜牧业的发展与农业经济发展之间的关联度最高，其中，肉产量与农业经济发展的关联度大大高于其他行业，而农业与第一产业的关联度是最低的。基于此，提出了推进黑龙江省农业经济发展的相关对策建议：一是发展畜牧业和农产品加工业；二是加大农业内部结构调整；三是根据区域特点和市场需求，科学、合理地制定不同地区应优先发展的产业；四是完善和配套相关产业发展体系。詹锦华（2012）根据

1990~2010 年福建省农村各产业产值和农民人均纯收入的统计数据，采用灰色关联分析方法、回归分析方法、协整检验和 Granger 检验，实证分析了农业产业结构中的农业、林业、牧业、渔业和农民人均纯收入之间的关系，并提出了农民增收的政策建议。苗杰（2013）实证研究得出 2000~2011 年烟台地区农业产业结构调整与农民收入增长相关性较高，该地区水果和肉类产量所占比例逐渐增大，粮食、花生和水产品产量所占比例逐渐减小，农民收入随水果和肉类产量的增加、花生产量的减少而增加。刘松颖（2013）的实证结果表明，西部农村地区农业内部层次的结构优化对农民增收、节能降耗具有不同程度的积极效应。

第二章　新疆农业产业结构调整

第一节 新疆农业产业
结构调整的必要性分析

2019 年的中央一号文件提出，在经济下行压力加大、外部环境发生深刻变化的复杂形势下，做好"三农"工作具有特殊重要性。同时提出，做好"三农"工作重要的一点是，围绕"巩固、增强、提升、畅通"深化农业供给侧结构性改革。农业供给侧结构性改革，就是要以"供给侧"为切入方向，围绕市场需求，改变长期以来农业粗放经营、单纯追求农产品数量、拼资源拼消耗的农业生产经营方式，更加重视围绕提高农业供给体系的质量和效率，优化农业资源配置，提高农业发展的质量效益和竞争力。农业供给侧改革的切入点正是农业产业结构调整。

新疆作为国家粮食、棉花、林果和畜牧四大基地，近年来，农业经济总量持续增大，农业结构不断调整，农业经济发展取得了明显成效，农业初步形成了以粮食、棉花、林果、畜牧业、设施农业、特色农业六大产业为支撑的产业体系。但是，新疆农业发展仍面临许多矛盾和困难，农业结构、产品结构、经营方式等逐渐不能主动适应市场需求变化，资源环境压力凸显、农民持续增收动力不足等问题亟待解决，农业的主要矛盾由总量不足转变为结构性矛盾。

南疆①四地州与周边六个国家接壤，是我国向西开放的重要区域，是建设丝绸之路经济带、建设中巴经济走廊的重要区域。然而南疆四地州处于塔

---

① 本书中的南疆指新疆南部阿克苏地区、喀什地区、克孜勒苏柯尔克孜自治州、和田地区四个地州，也称为南疆四地州。

克拉玛干沙漠边缘的干旱地区，自然条件恶劣，戈壁、沙漠占区域面积的90%以上，平原区绿洲面积仅为9.2%①，水资源极其匮乏，干旱少雨，沙尘暴、大风、干旱、山洪等自然灾害频发，盐碱化、沙化、荒漠化严重，生态环境极其脆弱。长期以来，农业是南疆经济发展的重要支撑，在维护南疆及新疆社会稳定和长治久安、促进贫困农民脱贫增收等方面有重要的支撑作用。要调整新疆农业产业结构，解决新疆农业发展中的问题，首先要调整南疆农业产业结构，解决南疆农业发展的问题。受资源环境、地理区位、文化观念制约，南疆农业发展整体滞后，深入分析研究南疆四地州农业产业结构调整面临的制约因素和问题，加快推进南疆农业产业结构调整，是奠定新疆社会大局稳定和经济社会发展的根基，是加快转变南疆农业发展方式、促进南疆农业提质增效、推进南疆经济社会发展、实现南疆农牧民脱贫致富的重要手段。南疆农业产业结构调整的必要性分析如下。

一、围绕社会稳定和长治久安总目标，促进地区间均衡发展的需要

"十三五"期间，新疆重点任务是聚焦社会稳定和长治久安总目标，突出做好稳定和脱贫工作，农业在维护新疆社会稳定和长治久安、促进贫困农民脱贫增收等方面有重要的支撑作用。党的十八大以来，新疆农业经济总量持续增大，农业产业结构不断调整，农业经济发展取得了明显成效。但是，新疆农业发展仍面临许多矛盾和困难，农业结构、产品结构、经营方式和质量安全水平不能主动适应市场需求变化，资源环境压力凸显、农民持续增收动力不足等问题亟待解决。南疆四地州农业在新疆农业发展中举足轻重，南疆四地州工业和服务业与北疆、东疆相比发展更为滞后，经济发展对农业的

---

① 放眼南疆四地州——南疆之特［EB/OL］. 环球网，http://news.ts.cn/system/2017/05/28/012659565.shtml，2017-05-28.

依赖程度比北疆、东疆更大。2018 年底，南疆四地州农村人口占南疆四地州总人口的 74.6%，广大农村人口的增收主要来源于农业。因此，发展南疆农业，调整南疆农业产业结构，促进南疆农业转型升级，对新疆的社会稳定和长治久安，以及缩小与北疆、东疆的地区差异，都起着极为重要的作用。

二、增加南疆农民收入、促进新疆乡村振兴全面衔接的需要

城乡居民收入主要来源于工资性收入、经营性收入、财产净收入和转移净收入。农村居民收入主要来源于经营性收入，而在经营性收入中主要来源于第一产业（见图 2-1）。2019 年，新疆农村居民经营性收入占农村居民人均可支配收入的 51.5%（见图 2-2），而第一产业收入在经营性收入中占62.5%。南疆农民的收入也主要来源于家庭经营收入，而家庭经营收入主要由种植业、林业、牧业收入构成，农业生产水平直接决定了农牧民增收情况，农业产业结构变动与农民收入增长之间存在着密切关系。因此，探索南疆四地州农业结构调整方向，优化南疆的农业产业结构，对实现南疆四地州农民收入增长，促进南疆与全疆同步实现乡村振兴、与全国同步基本实现社会主义现代化具有重大意义。

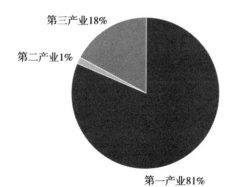

图 2-1　2019 年新疆农村居民家庭经营性收入结构

资料来源：2020 年《新疆统计年鉴》。

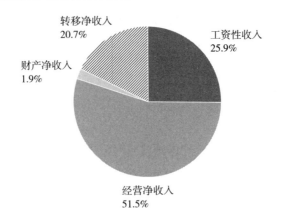

图 2-2 2019 年新疆农村居民人均可支配收入结构

资料来源：2020 年《新疆统计年鉴》。

三、有效提升农业生产经营收益的需要

近年来，农业生产成本持续攀升，现代农业发展面临生产效益下降等问题。以小麦、棉花生产为例，因人工、农资投入品等价格的上涨，小麦、棉花的亩均成本不断提高，小麦、棉花亩均产值均呈现下降趋势，农业生产效益降低。新疆小麦种植成本不断提高，2013~2020 年，小麦亩均总成本上涨了 13.9%，而亩均产值降低了 11.7%，小麦生产效益明显下降。[①]从棉花来看，2013~2017 年，棉花种植亩均总成本上涨 17.24%，亩均产值下降 11.4%，棉花种植呈现亏损现象。2017~2019 年，新疆棉花目标价格改革持续推进，改革成效持续显现，棉花生产效益有所提高，至 2020 年，棉花亩均总产值不断提高，扭转了棉花种植的亏损现象。因此，研究、查找出南疆主要农作物效益下降的主要原因，加快农业供给侧结构性改革，提高农产品品

---

① 资料来源：新疆维吾尔自治区发改委成本价格监督局 2013~2020 年《农牧产品成本收益资料汇编》。

质和质量,是提升农业生产效益的迫切需要。

四、促进农产品有效适应消费结构加快升级、实现市场导向生产的需要

随着城乡居民人均可支配收入的增加,居民消费结构逐渐升级加快,消费需求多样,对农产品质量、品质及口感等要求更高,中高档农产品与食品消费市场潜力巨大,农业观光旅游休闲服务产品需求日益增长。而现实是,农产品品质较低,优质高端品牌短缺,虽然当前新疆农产品市场总体平淡,但优质品牌的销路好、价格高。南疆作为新疆乃至全国重要的林果业和畜牧业生产基地,迫切需要调整生产结构,创新农产品供给方式,增强供给的适应性和灵活性,不仅要满足数量上的要求,更要在结构、品种、品质、质量等方面适应消费需求出现的新变化,使供给更加契合消费需求。

五、缓解环境、资源压力,保证农产品有效供给实现可持续生产的需要

生产资源是制约农业生产的重要因素,其中土地资源和水资源是限制农业发展最多的因素。南疆土地面积广,耕地面积不足。2019年年末,四地州土地面积占全疆的35.22%,耕地面积占全疆耕地面积的31.52%,占其土地面积的2.8%,2018年南疆年末人口总数1035.06万人,人均耕地面积不足3亩(2019年耕地面积与人口总数相比),其中和田地区和克州人均耕地面积不足1.5亩,耕地面积十分有限。南疆四地州农业生产水平相对滞后,在耕地利用上重用轻养、重产出轻投入,土壤有机质含量不足,耕地地力有限。水资源时空分布不均,季节性缺水现象严重,农业用水利用率偏低,水资源浪费严重。南疆农业发展逐渐出现资源环境透支问题,迫切需要转变农业发展方式。调整农业产业结构是在有限的土地和水资源基础上,充分、高效利

用土地资源和水资源、提高农业资源使用效率，实现资源节约、环境友好和生态良好的农业可持续发展的迫切要求。

第二节　新疆农业产业结构现状

一、经济社会发展现状

（1）南疆经济总量规模不断扩大。2019 年，南疆四地州生产总值达到 2807.44 亿元，较 2018 年增长 19.34%，占 2019 年新疆地区生产总值的 20.65%；四地州一般公共预算收入 217.82 亿元，较 2018 年增长 5.18%，占 2019 年全疆一般公共预算收入的 13.81%。2018 年，克孜勒苏柯尔克孜自治州（以下简称克州）、喀什地区、和田地区、阿克苏地区全社会固定资产投资（不含农户）分别比 2017 年降低 69.6%、51.6%、48.5%、22.6%；受 2018 年基数较低影响，2019 年，四地州全社会固定资产投资增速较快，分别达到 96.6%、50.8%、56.7%、38.2%。社会消费品零售总额为 643.64 亿元，较 2018 年增长 47.6%，占 2019 年新疆地区社会消费品零售总额的 17.79%；海关进出口总额为 28.57 亿美元，较 2018 年增长 15.09%，占 2019 年新疆地区海关进出口总额的 34.76%。

（2）人民整体生活水平有所提高。2019 年，南疆四地州城乡居民可支配收入同比上年都有所增加，总体呈现出：四地州城镇人均可支配收入是农村居民人均可支配收入的 3 倍，城镇居民人均可支配收入同比增长 6.73%，农村居民人均可支配收入同比增长 10.63%，农村居民人均可支配收入增速高于城镇居民。从各地州来看，阿克苏地区城镇居民可支配收入为32812元，同比上年增长7.10%；农村居民可支配收入为13225元，同比上年增长10.99%。克州城镇居民可支配收入为30160元，同比上年增长6.00%；农村居民可支配收入为8053元，同比上年增加12.00%。喀什地区城镇居民可支配收入为27430元，同比上年增长7.01%；农村居民可支配收入为9385元，同比上年增加9.57%。和田地区2019年城镇居民可支配收入为30555元，同比上年增长6.79%；农村居民可支配收入为8897元，同比上年增加10.00%（见表2-1）。

表 2-1　2018~2019 年南疆四地州城乡居民人均可支配收入　　单位：元

地区	城镇居民			农村居民		
	2018 年	2019 年	同比增长（%）	2018 年	2019 年	同比增长（%）
阿克苏	30637	32812	7.10	11915	13225	10.99
克州	28452	30160	6.00	7190	8053	12.00
喀什	25631	27430	7.02	8565	9385	9.57
和田	28610	30555	6.80	8088	8897	10.00

资料来源：2019 年、2020 年《新疆统计年鉴》。

（3）教育事业加快发展。全面实现"普九"和"两基"攻坚目标，"两免一补"政策全面落实，"双语"（汉语和维吾尔语）教育工作稳步推进，高中办学规模逐年扩大，职业教育积极推进，寄宿制学校和民汉合校顺利实施，教育投入不断增加，教育设施条件显著改善。到2019年底，南疆四地州普通高等学校在校人数达4.57万人，同比增长17.65%；中等职业学校在校人数达12.24万人，同比增长11.84%；普通中学在校人数达67.27万人，同比增长2.67%；小学在校人数达144.83万人，同比增长11.59%。

二、农业发展的资源条件

（1）光热资源较为充足。地处亚欧大陆腹地，属暖温带大陆性气候，干旱少雨，光照时间长，年日照时数在 2500 小时以上，年均气温在 12.8℃左右，10℃ 及以上的积温在 4000℃ 以上，昼夜温差大，有利于瓜果等喜温农作物生长。年日照百分率在 60% 以上，总辐射量在 130139 千卡/平方厘米以上，太阳能资源较为丰富。

（2）耕地面积有限，人均耕地不足。全疆 2019 年耕地面积为 524.22 万公顷，其中，水浇地 497.50 万公顷，占比 94.90%；旱地 21.10 万公顷，占比 4.01%。南疆四地州 2019 年耕地面积共 165.29 万公顷，占全疆耕地面积的 31.53%；水浇地共 162.39 万公顷，占全疆水浇地面积的 32.64%；旱地共 0.09 万公顷，占全疆旱地面积的 0.43%，所占比例较小。南疆是一个以农业为主的地区，南疆四地州 2018 年末人口为 1035.06 万人，占全疆年末人口的 45.32%，但耕地面积相对不足，人均耕地面积不足 3 亩，在一定水平上制约了当地经济与社会的发展。2019 年南疆四地州耕地现状如表 2-2 所示。

表 2-2　2019 年南疆四地州耕地现状　　　　单位：万公顷

地区	耕地面积	水浇地	旱地
新疆	524.22	497.50	21.10
南疆四地州	165.29	162.39	0.094
阿克苏地区	65.94	64.13	0.0054
克州	5.71	5.57	0.047
喀什地区	70.99	70.63	0.042
和田地区	22.65	22.06	—

资料来源：2020 年《新疆统计年鉴》。

（3）水资源短缺，开发利用程度有待提高。2019年，南疆四地州用水总量为284.42亿立方米，第一产业用水274.25亿立方米，第二产业用水2.37亿立方米，生态环境用水2.9亿立方米，第一产业用水占南疆四地州用水总量的96.42%，全疆第一产业用水占全疆用水总量的92.30%，可见，南疆四地州第一产业用水总量高于全疆水平，农业灌溉水利用率低于全疆水平。

三、农业产业结构现状

（一）南疆四地州第一、第二、第三产业结构变化

2010~2019年，第一产业在国民经济中的份额一直下降，从37.16%下降到23.45%；第二产业持续上升，从2010年的23.81%到2018年30.32%，增加了6.5个百分点，2019年，第二产业占比回落到24.54%，比2010年增加了0.7个百分点；第三产业由39.02%增长到52.01%，增长了近13个百分点。

2019年，南疆四地州地区生产总值为2807.45亿元，较2018年增长19.36%，其中第一产业增加值为658.47亿元，较2018年增长5.37%，第二产业增加值为688.95亿元，较2018年下降3.40%，第三产业增加值为1460.03亿元，较2018年增长44.00%。四地州三次产业结构占比为23.45：24.54：52.01，全疆三次产业结构占比为13.10：35.27：51.63，与全疆相比，四地州第一产业占比高10.35个百分点（见表2-3）。

表2-3　南疆四地州第一、第二、第三产业结构的变化

年份	地区生产总值（亿元）	第一产业		第二产业		第三产业	
		亿元	占GDP（%）	亿元	占GDP（%）	亿元	占GDP（%）
2010	898.46	333.90	37.16	213.96	23.81	350.60	39.02
2011	1101.31	361.89	32.86	311.98	28.33	427.44	38.81

年份	地区生产总值（亿元）	第一产业		第二产业		第三产业	
		亿元	占 GDP（%）	亿元	占 GDP（%）	亿元	占 GDP（%）
2012	1337.81	423.25	31.64	390.52	29.19	524.04	39.17
2013	1559.40	477.08	30.59	462.49	29.66	619.82	39.75
2014	1725.96	498.74	28.90	511.24	29.62	715.98	41.48
2015	1924.39	539.80	28.05	561.75	29.19	822.84	42.76
2016	1889.32	573.12	30.33	515.35	27.28	800.85	42.39
2017	2136.59	562.47	26.33	658.96	30.84	915.16	42.83
2018	2352.01	624.90	26.57	713.17	30.32	1013.94	43.11
2019	2807.45	658.47	23.45	688.95	24.54	1460.03	52.01

（二）南疆四地州农林牧渔业产值结构变化

2010~2019 年，南疆四地州的种植业产值比重由 2010 年的 63.86%上升到 2019 年的 69.85%；林业产值比重由 2010 年的 9.46%下降到 2019 年的 2.16%；畜牧业产值比重由 2010 年的 23.31%下降到 21.19%；渔业产值比重由 2010 年的 0.40%提升到 0.53%（见表 2-4）。

表 2-4 南疆四地州农林牧渔业产值结构变化

年份	农林牧渔业总产值（亿元）	种植业产值		林业产值		畜牧业产值		渔业产值	
		亿元	%	亿元	%	亿元	%	亿元	%
2010	515.74	329.33	63.86	48.77	9.46	120.22	23.31	2.05	0.40
2011	594.94	420.91	70.75	14.21	2.39	141.32	23.75	2.39	0.40
2012	691.98	493.90	71.37	14.38	2.08	163.05	23.56	2.91	0.42
2013	768.67	550.79	71.66	16.80	2.19	178.99	23.29	3.35	0.44
2014	864.41	629.12	72.78	17.09	1.98	194.15	22.46	3.85	0.45
2015	947.61	686.03	72.40	17.46	1.84	218.55	23.06	4.06	0.43
2016	967.73	689.33	71.23	20.29	2.10	235.01	24.28	4.39	0.45

续表

年份	农林牧渔业总产值（亿元）	种植业产值		林业产值		畜牧业产值		渔业产值	
		亿元	%	亿元	%	亿元	%	亿元	%
2017	892.30	633.84	71.03	20.38	2.28	215.60	24.16	4.09	0.46
2018	1120.74	801.82	71.54	23.81	2.12	222.43	19.85	6.22	0.55
2019	1131.61	790.44	69.85	24.44	2.16	239.82	21.19	6.05	0.53

注："%"表示占农业总产值的比重。

可以看出，2019年，南疆四地州农林牧渔业总产值1131.61亿元，其中种植业产值790.44亿元，占四地州农林牧渔业总产值的69.85%；林业产值24.44亿元，占四地州农林牧渔业总产值的2.16%；牧业产值239.82亿元，占四地州农林牧渔业总产值的21.19%；渔业产值6.05亿元，占四地州农林牧渔业总产值的0.53%。从图2-3中可以看出，种植业和畜牧业是南疆四地州农业的支柱性产业。2019年全疆农、林、牧、渔占比情况如图2-4所示。

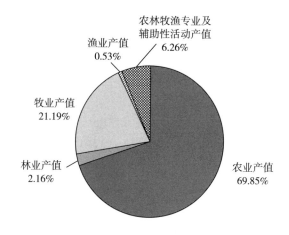

图2-3　2019年南疆四地州农、林、牧、渔业占比情况

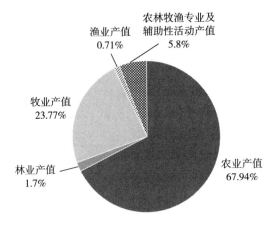

图 2-4 2019 年全疆农、林、牧、渔占比情况

(三) 南疆四地州农林牧主要农产品布局

种植业方面, 四地州是新疆粮食作物和棉花的主要产区。粮食作物方面, 主要为小麦玉米主产区, 其中阿克苏和喀什地区小麦种植面积达 36.79 万公顷, 占南疆四地州小麦总播种面积的 77.21%; 玉米主要分布在喀什地区, 2019 年喀什地区玉米种植面积为 16.08 万公顷, 占南疆四地州玉米总种植面积的 49.25%。棉花主要分布在阿克苏和喀什地区, 2019 年两个地区棉花总种植面积达 90.96 万公顷, 占南疆四地州棉花总种植面积的 98.14%, 是南疆棉花的主要产区。

四地州是新疆重要的林果业产区。新疆优质的林果品种资源大多分布于南疆四地州, 如库尔勒香梨、库车小白杏、阿克苏苹果和皮山石榴等。其中, 红枣和核桃主要分布在和田地区和阿克苏地区; 核桃、巴旦木主要分布在喀什地区; 杏主要分布在克州、阿克苏地区和巴州; 石榴主要分布在和田地区, 梨主要分布在巴州。

南疆四地州是新疆重要的畜牧业生产基地, 畜牧业均属于典型的农区畜牧业, 生产方式以农户散养为主, 养殖主导品种是肉羊。

四、农产品加工业发展现状

近年来，随着南疆特色种植业和林果产业的发展，特色农产品和林果等加工业已经成为南疆四地州的优势产业，是南疆农牧民增收致富的重要支柱产业。

（1）农产品产地初加工项目发展成效显著。自治区充分利用农业部、财政部实施农产品产地初加工补助项目的良好机遇，顶层设计、高位推动。截至2017年末，南疆四地州共建成3吨热风烘干房6000余座，组装式冷藏库2000余座，带动农民就业12万人，增加工资性收入14.4亿元，人均年增收1.2万元/年。

（2）农业产业化经营带农作用逐渐凸显。农业产业化经营组织规模日益壮大，截至2017年末，南疆四地州国家级龙头企业占全疆的15.63%；自治区级以上龙头企业占全疆的28.09%，南疆四地州实现销售收入111.28亿元，实现净利润8.27亿元，带动就业数达3.36万个，带动农户数51.6万户。以特色林果、粮食和畜产品等生产加工和流通为主的农产品加工企业，建设了一批优质原料生产基地，显著提高了特色农产品品质。例如，喀什神恋有机食品有限公司充分利用当地特色林果产业，集特色林果种植、收购、加工、销售、冷链物流经营为一体，充分带动了当地特色林果业的发展；和田帝辰医药生物科技有限公司利用当地特色作物肉苁蓉，建立了肉苁蓉种植示范基地，开发出肉苁蓉系列精深加工产品，大力发展以"农户+基地+科研+生产"的模式，带动千余户农民从事肉苁蓉种植。

（3）农产品加工业的特征转化。农产品加工科技创新能力明显提高，农产品加工企业中研发机构、研发人员的研发投入逐年提高。龙头企业高度重视农产品质量安全，部分建立了标准化生产基地。重视实施品牌战略，把农产品品牌建设作为开拓农产品市场、加快农业产业化发展、促进农民增收的重要措施来抓，南疆阿克苏苹果等一批"地理标志"农产品享誉全国、走向世界，红枣、核桃、巴旦木等一批主导产业品牌在全国市场的知名度不断提升。积极发展适度规模经营，农业产业化和适度规模化经营，是实现农业现代化的有效途径。通过土地的有序流转，培植种植大户，在土地流转的规范化制度化等管理方面进行了有益的探索。随着农产品安全要求的提高，四地州把发展农民专业合作经济组织和行业协会等中介组织作为农业产业化经营的重要方面来抓，在提高农民进入市场的组织化程度方面进行了有益的尝试，逐步实现企农良性互动，合作共赢。

第三节　新疆农业产业结构存在的主要问题

一、农产品市场开拓能力方面

一是农产品名优品牌建设不强。南疆四地州已经形成了和田大枣、红旗坡苹果、阿克苏核桃、伽师瓜等知名区域品牌，但由于产品标准缺失，品牌建设能力弱，内地二三线城市新疆农产品经营网点不健全，现代网络营销跟进步伐落后，产品标识与产地消费者辨识难度大，品牌杂乱，市场产品良莠不齐。二是物流成本高。南疆地理位置比较偏远，远离国内市场密集区，农产品运输距离长、损耗大，物流成本高，严重影响销售竞争力。再比如，据调查，喀什地区加工的红枣、核桃等产品运往上海市场销售，仅运营费用就占到产品销售价格的38%，远高于15%左右的行业平均水平。另外，生鲜果品对仓储物流要求较高，南疆冷链运输又相对滞后，农产品运输成本高、困难大。

二、农业区域布局方面

不同地区间的农业产业结构可能会存在很大差异，也可能会很相似，判断这种趋同化程度和差异程度，我们可以通过计算结构相似系数看出。其计算公式如下：

$$S_{ij} = \frac{\sum\limits_{k=1}^{n} X_{ik}X_{jk}}{\sqrt{\sum\limits_{k=1}^{n} X_{ik}^2 \cdot \sum\limits_{k=1}^{n} X_{jk}^2}} \quad (0 \leqslant S_{ij} \leqslant 1)$$

其中，X_{ik}、X_{jk} 表示 k 部门在 i 地区和 j 地区产业结构中所占的比重，S_{ij} 表示 i 地区和 j 地区产业结构的相似系数。S_{ij} 值从 0 到 1，系数越大，表明两地区产业结构越相似。S_{ij} 为 1 表示两个地区产业结构完全趋同，S_{ij} 为 0 表示两个地区产业结构完全不同。

南疆四地州主要以种植业为主，其次是畜牧业。根据表 2-5 中 2019 年南疆四地州农业产业产值分布情况，以及上述计算公式，进一步得出南疆四地州农业产业区域分布相似系数。南疆四地州农业产业结构相似系数均在 0.9 以上，趋同现象明显。其中和田地区和喀什地区农业产业结构基本相似，相似系数均为 1，而克州与阿克苏地区农业产业结构和其他地区两两比较时，稍有不同（见表 2-6）。

表 2-5　2019 年南疆四地州农业产业产值分布情况　　单位：亿元

地区	农林牧渔业总产值	农业		林业		牧业		渔业	
		产值	比重（%）	产值	比重（%）	产值	比重（%）	产值	比重（%）
阿克苏	402.45	285.51	70.94	3.57	0.89	79.55	19.77	2.82	0.70
克州	43.40	17.61	40.58	0.84	1.94	22.11	50.94	0.14	0.32

续表

地区	农林牧渔业总产值	农业		林业		牧业		渔业	
		产值	比重（%）	产值	比重（%）	产值	比重（%）	产值	比重（%）
喀什	516.31	376.28	72.88	15.79	3.06	91.58	17.74	2.63	0.51
和田	169.44	111.02	65.52	4.23	2.50	46.56	27.48	0.44	0.26

资料来源：2020 年《新疆统计年鉴》。

表 2-6　2019 年南疆各地区农业产业结构相似系数

地区	克州	喀什	和田
阿克苏	0.918	0.984	0.987
克州		0.974	0.969
喀什			1.000

　　南疆四地州农业产业趋同性较为严重，阻碍了农业产业发展。究其原因主要有以下三点：一是农业结构调整未能做到因地制宜。南疆四地州农业结构的调整没有与当地的优势资源相结合，各个地区没有形成本地区特色的产业经济带，产业链短、散、小，也没有形成规模经济，没有具有竞争能力的主导产品，这种现象不仅在一定程度上浪费了本区的优质资源，同时还会阻碍其他产业的发展。二是发展基础产业动力不足。南疆四地州资源丰富但加工能力薄弱，向外输送廉价的原材料和初级产品。三是市场竞争混乱。南疆四地州这种趋同现象，在种植业方面，由于农产品集中上市而产生巨大的市场压力；在园区发展方面，使各县市工业园区目标定位相近，产业发展方向趋同，争项目、争原料、争市场的现象普遍存在，成为农业产业化发展的一个障碍。

三、产业结构内部存在的问题

（一）种植业内部结构需要进一步调整，粮棉等主要农产品生产结构性矛盾突出、销售不畅

从产品结构看，粮食生产尤其是小麦生产出现"优质产品少、普通产品和劣等产品过剩"的结构性矛盾。2017 年以前，新疆小麦收购实施"敞开收购、敞开直补、政府定价"机制，新疆粮食产量持续增产，至 2017 年末，小麦生产实现 10 连增，确保了自治区粮食安全。随着政策的实施和粮食产量的持续增加，新疆粮食生产出现了结构性过剩，小麦"优质优价"无法体现，优质小麦少，普通小麦多，粮食销售困难。特别是南疆四地州，小麦品种单一，至今仍以 1995 年审定的新冬 20 号作为主栽品种；品种单一直接导致小麦产品单一，中弱筋、低筋小麦为主，缺乏优质高筋小麦，蛋白量含量低，难以生产高强度面粉。棉花种植存在同样的问题，棉花种植者重点关注棉花产量和降低成本，对棉花产品结构和品质需求关注不够，棉花品种多、乱、杂，缺乏县域主栽品种和主导品种，造成棉花品质偏低问题突出，缺乏与国外进口棉花的竞争优势。

从种植效益来看，种植成本[①]不断增高，产量增幅有限，种植效益递减。2013 年以来，新疆大宗农产品中，相比玉米和棉花，小麦效益较好，尽管如此，四地州小麦每亩地净利润仍在下降[②]，小麦效益低下的主要原因是，分散经营导致种植成本偏高、大面积的林粮间作导致部分粮田小麦产量偏低，同时，面对近年来供大于求的市场环境，没有价格优势，销售困难。2014 年

---

① 总成本：指生产过程中耗费的现金、实物、劳动力和土地等所有资源的成本；净利润：指产品产值减去生产过程中投入的现金、实物、劳动力和土地等全部生产要素成本后的余额，反映了生产中消耗的全部资源的净回报。

② 新疆维吾尔自治区农牧产品成本收益资料汇编。

至 2017 年，玉米价格持续大幅度下跌，四地州玉米每亩地净利润持续处于下降趋势，2019 年，玉米每亩地净利润有所增加，但四地州每亩地净利润低于北疆地区；棉花每亩地净利润有待提高。玉米和棉花效益低下的主要原因是种植管理粗放，单位面积产值偏低，亩均产值不断下降，叠加市场价格偏低所导致。棉花是四地州主要农作物，棉花多数为分散经营，适度规模经营面积不足，导致生产过程中难以实现棉花生产机械化、不利于棉花品种改良和统一、单位面积投入的人力成本远高于机械化成本，使棉花的生产成本居高不下。

从产业化发展来看，种植业出现适度规模经营不足，产业链条不紧、市场体系不健全、资源优势未能转化为经济优势等问题。粮食方面主要表现在生产环节产量较高、加工环节能力不足，目前全疆粮油加工企业实际加工量与产能差距较大；涉粮类国家、自治区级农业产业化重点龙头企业、驰名品牌数量不多、示范带动作用不强。

（二）畜牧业规模化产业化经营不足，效益偏低

一是四地州畜牧养殖普遍以分散经营为主，组织化程度不高，农户散养比重超过80%，户均养畜不到 5 头（只），母畜比例持续偏低，育肥环节缺失，产业链短，集市交易以户间交易为主，难以形成有效商品量。散养为主的生产方式，制约了良种普及和科学饲养管理技术模式推广应用，牛羊个体生产性能低下，肉羊个体产肉量低，繁育能力不高。二是畜禽良种繁育体系建设滞后，缺乏种畜禽场，农区肉羊、多胎养、驴、奶牛等生产技术落后，良种化程度低，地方畜禽品种选育滞后，对优良品种改良的重视不足，饲养成本较高。三是天然草场承载力有限，人工草场严重不足，缺少加大面积的饲草料生产基地，农作物秸秆的有效转化率与畜牧业发达地区差距很大，农作物秸秆转化率低，资源浪费严重，草畜矛盾突出；饲草加工企业较少，饲草加工利用率低。四是畜牧业产业化进程缓慢，生产管理模式及观念落后，

先进的"龙头企业+养殖合作社+养殖大户"生产经营模式发展缓慢，生产的市场化主体培育和产业链未形成。这些原因直接导致南疆四地州畜牧业规模化生产经营不足，畜牧养殖效益整体偏低。

（三）林果业部分林果产品产能过剩

林果种植是南疆四地州的主要产业之一，截至2019年底，南疆四地州林果（包括水果和坚果）种植面积达142.89万公顷，占全疆林果种植面积的67.94%，形成了环塔里木盆地周边林果主产区。但南疆林果业种植也面临部分果品产能过剩、生产成本高，以及产品价格不稳定等结构性问题。红枣、核桃等部分果品产能过剩，2010～2019年，新疆红枣产量稳居全国第一，2019年全疆红枣总产量为372.8万吨，占全国总产量的49.9%[1]，其中南疆四地州红枣产量为150.32万吨，占全疆红枣产量的40.32%。按照全国13亿人口计算，需要人均消耗2.87千克，才能将新疆一年生产的红枣消费完，新疆红枣产业规模扩张已经逐渐放缓，单靠扩大种植面积、提高生产效率来获取高效益的模式已经不适合市场需求，南疆的红枣面临着质量升级型转变。2019年全疆核桃总面积达40.12万公顷，总产量为106.04万吨，产量仅次于云南，为全国第二位，其中南疆四地州核桃总产量100.48万吨，占全疆核桃总产量的94.76%。根据有关资料显示[2]，我国的核桃消费量占坚果比例逐年降低，需要逐步探索核桃经济林复合经营模式。产后贮藏保鲜与加工转化能力整体较弱。果品贮藏保鲜基础设施建设滞后，大多数企业都存在生产规模偏小、加工技术落后、生产周期短、林果产品加工转化率较低等问题。

四、三次产业融合发展方面

农村三次产业融合发展，就是以农业为基本依托、以科技创新为引领、

---

① 资料来源于2020年《新疆统计年鉴》、农小蜂智库、《2021年中国红枣产业数据分析报告》。
② 华经情报网：《2020年中国核桃产业市场现状与前景展望》。

以利益联结为纽带，通过产业联动、要素集聚、技术渗透、体制机制创新等方式，将资本、技术以及农业资源等要素进行跨产业集约化配置，最终实现农业产业链延伸、产业范围扩展、生产效率提高和农民增收。南疆四地州虽然在三次产业融合发展方面取得了长足进展，获得了一些成功经验，但与中央提出的农村三次产业融合要求，以及国外农村产业融合发展模式相比，还存在一定差距，主要存在问题如下：

（1）资金和人才的匮乏。南疆四地州在三次产业融合发展过程中，一方面，由于农村信贷资金规模小、门槛高、成本大，适合新型经营主体发展的投融资体系尚不健全，导致现有投融资条件下贷款难、担保难，造成南疆四地州农民合作社和涉农企业等新型农业经营主体普遍存在缺乏资金支撑，农民合作社带动作用不强。另一方面，由于技术型人才极度匮乏，导致大多数企业无法涉足深加工、精加工的高附加值项目，农产品加工业处于起步阶段，产业链条短、附加值低、资源优势没有得到充分转化与利用。

（2）龙头企业与合作社带动能力不够突出。在三次产业融合中，龙头企业和合作社作为主要抓手，带动能力不够突出。一是龙头企业与合作社数量少，带动范围小。南疆四地州专业合作社小而分散，企业化运作机制合作社少，各种土地股份、草畜联营及设施农业、农机灌溉、休闲农业、农村电商等专业合作社的实际有效运作比例低。二是实力弱，带动能力不强。合作社缺少延伸加工层次的设施条件和资金，缺乏组织生产力和转化销售能力，没有深度参与到利益链中农产品加工企业与基地和农户之间。另外，农业龙头企业总体管理水平还不高，离现代企业管理还有一定差距，带动能力没有凸显。三是利益联结机制松散，不能有效延长产业链、提高附加值。目前南疆多数农产品加工企业与基地和农户之间还停留在以产品买卖关系为基础的低层次产销合作上，没有真正形成"风险共担，利益均沾"的经济利益共同体，企业返利于农户的很少。再加上服务滞后，部门支持乏力甚至个别龙头企业还没有与农户真正建立起一种合理、稳固的利益联结机制，农业订单脆弱，与第二、第三产业融合发展脱节，从而导致农产品产业链不长、附加值不高，没有很好地发挥龙头企业的辐射带动作用。这三方面共同制约了南疆四地州三次产业融合发展，促使南疆四地州在产业融合中处于一个较为尴尬的境地。

（3）农产品市场开拓能力相对滞后。一是南疆四地州距离乌鲁木齐等主要消费城市较远，距离内地省市路途更远，前沿信息不流通，加上获得农业信息渠道较窄，农户市场意识差，增产增效效果不明显。二是农副产品运输成本高，流动环节多，加上产品采购运输销售物流体系不完善，蔬菜、新鲜牛羊肉等食品输送保鲜度无法保证，遇到高温等不利于保鲜的天气，食品的安全问题也令人担忧。三是在内地和疆内建立直销店、销售网点费用高、销售成本大，受资金缺乏的影响，产品品牌建设滞后，绿色有机原字号产品品种少、规模小、市场开发能力弱，缺乏具有品牌影响力的中高端产品，市场占有率较低。

第四节　新疆农业产业结构调整的制约因素分析

一、自然环境恶劣，人均占有资源量少

南疆属极度干旱荒漠地区，戈壁、沙漠占南疆国土面积的90%以上，绿洲面积仅为7.9万平方千米，占南疆国土面积的7.5%。由于特殊的地形结构和地理位置，形成了严酷的荒漠环境，气候干旱，植被稀少，风沙频繁，水

资源分布不均，春季缺水，夏季洪涝，秋冬干旱，生产条件差，风灾、旱灾、水灾、地震等自然灾害频发。加之长期以来粗放的生产发展方式，耕地、水资源约束日趋严重。季节性缺水明显，水资源利用率不高，成为南疆农业结构调整最大的制约因素。2019 年末，南疆四地州耕地面积占全疆年末耕地面积的 31.53%，人均耕地面积 2.39 亩，低于全疆 3.16 亩的平均水平（2019年年末耕地面积与 2018 年一致，2019 年未更新年末人口数，文中人均耕地面积用 2018 年末耕地面积除以年末人口数）；四地州水资源分布不均，阿克苏地区、克州、喀什地区、和田地区人均水资源量分别为 2087 立方米/人、9872 立方米/人、1570 立方米/人、3927 立方米/人，全疆人均水资源量为3806 立方米/人。此外，土地沙化、盐渍化、荒漠化危害突出，资源与环境面临巨大压力，也对南疆农业发展造成很大制约。

二、改革开放滞后，市场化进程较为缓慢

南疆四地州在自身发展基础薄弱、自我发展能力不足的条件下，面对市场化改革的大背景和大趋势，调整、适应和转向能力都显得明显不足，面临较大困难和挑战，处于劣势地位。以市场化为基本取向的经济体制改革起步晚，与全国、全疆相比，市场配置资源改革滞后，大政府、小社会、小市场问题更加突出，政府对生产要素的控制多、干预多，市场和社会作用相对较弱。行政管理体制还不能完全适应市场经济发展的需要，行政审批行为不规范，程序繁杂，效率低下，部分单位行政职能重叠、业务交叉。市场发育程度低，市场经济活力不足。受地理封闭、城乡二元经济结构影响和生产力水平较低等诸多因素制约，市场体系建设仍处在较低水平，市场资源配置效率低下。特别是资金、劳动力、技术等要素市场发育非常不健全，要素聚集功能薄弱，生产、流通发展不协调，严重阻碍了南疆农业现代化的发展。同时，外向型程度较低，全方位对外开放进程缓慢，致使我们不能及时有效地了解和掌握国内外市场需求，农业生产具有一定的盲目性，影响了南疆农业产业结构优化调整。

三、农业基础设施建设滞后，支撑农业发展的能力不足

南疆四地州交通、水利、电力以及通信基础设施建设相对落后，阻碍了南疆农业经济的发展。农田水利方面，南疆农业用水矛盾突出，控制性水利设施建设不足，大中型水库偏少，季节性蓄水、调水能力有限，农业灌溉水利用系数仅为 0.48（全疆为 0.54），渠道防渗能力低，总体防渗率仅为 25%，高效节水技术措施利用不高，滴灌、微灌等高效节水技术措施利用不高，水肥一体化技术应用面积小，节水灌溉面积仅占总灌溉面积的 32%，极大地制约了南疆农业产业结构优化调整。电力方面，南疆位于新疆电网分布末端，电源布点少，容量小、布局不合理、网架结构薄弱，且存在时段性、季节性缺电，影响了农民用电需求，制约了农业发展。通信方面，南疆信息通信基础设施建设滞后，使南疆农民和企业对农产品生产、加工技术、政府项目、销售市场等信息了解不及时，导致特色农产品的种植、加工、销售等盲目性发展，部分产品过剩、滞销，丰产不丰收，影响了农民种植的积极性。

四、农民整体素质较低，社会传统意识浓厚

劳动力素质偏低是长期以来影响南疆发展的关键因素。一是南疆农村人口众多，但大部分农民仍停留在畜耕人种的落后生产方式和传统经验生产阶段，针对农民实用技术、技能培训覆盖率不高，已有的培训也存在针对性不强、培训渠道单一、培训知识面窄的困境，广大农村剩余劳动力对现代工业生产技术技能缺乏认识，农民转移就业无法有效释放，南疆地区农民平均受

教育年限不足七年。二是南疆作为少数民族高度聚集地区，单一的语言能力制约了农民知识更新的能力和水平，这在一定程度上使当地农民与外界的人际信息交流能力具有局限性，不能满足现代知识经济社会的发展速度和要求。三是南疆农村社会传统意识深厚，农业社会传统观念中的安于现状、乡土观念、重男轻女、重农轻商等落后思想和浓厚的民族宗教文化氛围在当地居民中仍较广泛地存在，导致在较长的一个时期内，当地农民的科技意识、市场意识、经营意识、教育意识、外出务工意识极为淡薄，人力资源开发工作难度大、进展缓慢。

五、科技创新与应用能力不强，支撑能力不足

农业科技创新不足和农业科技应用能力偏弱是制约南疆农业产业转型发展的重要因素。一是农民科技素质较低，接受新知识和应用新技术的主动性不强，对科技的承接能力弱，农业科技示范户和农村技术能人少，新型职业农民培训力度不够，"一户一人一技能"目标的落实仍存在差距。二是农业科技成果供给不足，农作物、林果和畜牧业特色品种资源挖掘利用和改良滞后，适应现代农业产业发展需求的配套种养技术和特色农产品加工工艺落后，缺乏持续解决产业实际问题的有效科技机制。三是农业科技型企业和农业科技人才紧缺，农业科技成果产业化发展滞后，先进农业技术到南疆落地极少，农业产业转型发展和高质量发展亟待加强。四是农业社会化服务体系建设滞后，农业科技管理体制创新不够，机制不活，公益性服务严重不足，经营性社会化服务发展缓慢，农业科技服务农业的作用还没有充分发挥出来。金融机构面向农业的金融服务产品少。农民专业合作服务发展缓慢，对农民专业合作社扶持发展还不够，农业合作服务手段还缺乏，服务能力有限。

六、农业生产经营方式落后，新型经营主体培育不足

培育新型经营主体是促进南疆农业转型升级的关键举措。但南疆农业生产经营方式落后，以分散经营为主，新型经营主体规模较小、集约化程度低，农民土地承包经营权流转意愿低，土地流转不畅直接限制了新型农业主体规模化经营。小农户"单打独斗"的经营方式，规模小、效益差，难以有效应对市场风险。

第五节　新疆农业产业结构调整的主要依据

一、理论依据

（一）农业发展阶段理论

农业发展具有阶段性，不同的农业发展阶段表现出显著的特征，发展中国家农业发展阶段普遍经过传统农业向现代农业的转变过程，可划分为三个阶段：传统农业阶段、低资本技术农业阶段、高资本技术农业阶段。韦茨在1971年出版的《从小农到农场主：一个演进的发展战略》中根据美国农业发展的实践将农业发展阶段划分为以自给自足为特征的生存农业阶段、以多种经营和增加收入为特征的混合农业阶段和以专业化生产为特征的商品农业阶段。速水佑次郎于1998年根据日本农业发展的实践将农业发展阶段划分为以增加生产和市场粮食供给为特征的发展阶段、以着重解决农村贫困为特征的发展阶段、以调整和优化结构为特征的发展阶段。徐星明、杨万江（2000）

将现代农业发展阶段的划分为准备阶段、起点阶段、初步发展阶段、基本实现阶段、发达阶段。农业发展阶段理论揭示了不同阶段农业生产条件、技术进步、发展目标和农产品市场需求的变化特征，对农业发展阶段理论的借鉴可作为对南疆农业产业结构演进特征及其调整优化的参考依据。

（二）改造传统农业理论

传统的农业生产是自然和经济再生产相结合的过程，相对于其他产业而言，具有天然的弱质性，发展中国家存在相同的经济发展条件和环境，农村人口占多数，农业生产水平较低，在充分利用现代科学技术方面还处于落后状态，但通过自身的努力对传统农业生产方式进行改造，可实现农业生产较快进步。在发展经济学理论中，舒尔茨认为通过对传统农业生产方式的改造可实现传统自给性农业向现代商业农业转变。农业是经济发展中的关键部门，政府在发展经济的决策中应该加强对农业的支持：一是必须认识到发展农业科学研究和注重农民教育培训对农业发展的重要作用，加强对农业非营利机构投资，以保证农业科技推广工作体系的完善及推广工作的顺利实施；二是必须把大量的资金用于农村及农业基础设施建设；三是在制定农业政策时，应该激励、支持发展农业经济，实现较大的经济收益；四是要不断强化农业农村"人力资本"投资。对该理论的借鉴，有利于探究南疆产业结构调整过程中农业发展的有效方式，将农业工业化过程与整个经济发展的结构调整放在一起考虑。

（三）农业区位理论

经济学家杜能在《孤立国同农业和国民经济的关系》中提出孤立国农业圈层理论的农业区位论，在选择农业布局上，并不完全取决于区域自然条件、适合种什么样的作物，还受市场和运输、劳动力、外部规模经济性（或称集聚效应）、资本、科学技术、政府政策等其他因素的影响。按照杜能的理论，应该把农业区域划分成以高集约形式为圆心，向四周扩散到低粗放式，并逐级递减，由里向外依次为"自由农作区（集约）—林业区（较集约）—谷物轮作区（比较集约）—谷草轮作区（较粗放）—三圃轮作区（粗放）—畜牧区（极粗放）"，划分农业区位的依据主要为生产地距市场的远近、农产品市场价格和农产品生产成本。一般来说，农业生产基地距市场的远近，决定了运费的多少，在市场价格相同的情况下，距市场近的比距市场远的农业生产基地更有利，按照运费大小和收益等情况来确定某种农业类型的适宜范围。南疆是新疆粮食、棉花、林果的主要产地，但自然条件多种多样，地理条件复杂，远离农业消费市场，因此农业产业结构调整应充分考虑发挥区域多样化的优势，合理优化农业布局。

（四）农业产业化理论

农业产业化是以市场为导向，以提高经济效益为中心，以资源开发为基础，实现农业的区域化布局、专业化生产、社会化服务，逐步形成以市场促进产业，集种加养、产加销、贸工农、农科教为一体的生产经营体系。农业产业化在坚持因地制宜、发挥比较优势的基础上，着力促进农业龙头企业的带动辐射作用，拉长农业产业链，增加农产品附加值，形成市场促进产业、产业满足市场的互动模式。首先，农业产业化可增强农业应对市场的能力和农业结构弹性，产业化经营组织收集市场信息并及时反馈给农户，为农产品开辟销售渠道，农户根据市场需求组织生产，不仅市场竞争力增强，而且能够保证农业产业结构同市场紧密结合。其次，农业产业化经营组织具有较强的经济和科技优势，能为农业产业结构调整、提高农业生产力水平、促进农业产业整体发展提供一定的资金和技术支持。最后，有利于龙头企业发挥辐射带动作用，促进农业专业化生产和特色农业项目发展，企业利用技术和资金帮助农户提高生产效率和农产品质量，同时农户为企业提供优质低廉的生产加工原料。因此，在南疆农业产业结构调整过程中，应大力推进农业产业化发展，有利于提高农业生产率、实现农业资源的优化配置和提质增效。

（五）农业产业结构调整理论

农业产业结构优化是指通过产业结构调整来实现各产业的协调发展，满足社会不断增长的物质需求，推动农业产业结构向合理化、高级化和低碳化方向演进的过程。农业产业结构合理化，是指农业各产业之间协调能力和关联水平得到进一步提高，在一定的经济发展阶段上，根据消费需求和资源条件来调整产业结构，使资源在产业间得到合理配置和有效利用。农业产业结构高级化，是遵循农业产业结构演化规律，通过技术进步，使农业产业结构整体素质和效率向更高层次不断演进的趋势和过程，不断推动产业结构向高级化方向演进。农业产业结构低碳化，是指农业产业的高碳能源消耗不断降低、农业温室气体排放不断减少、农业碳汇水平不断提高的过程。农业产业结构调整的主要内容包括优化区域布局结构、品种布局结构、农产品贸易结构和农业投资结构。影响农业产业结构调整的因素主要有国民经济发展状况、技术进步、国内供给和需求、国际供给和需求、产业政策等。农业产业结构调整不仅要求一、二、三产业之间的协调发展，还要求农业产业内部的协调发展。农业产业内部如何实现协调发展，一来要求产品品种之间的协调，二来要求区域之间的协调，三来要求农业产业链之间的协调。南疆四地州农业产业结构经过不断调整、不断优化，已经经历了原始农业、传统农业发展阶段，正向更高级的现代农业、高端生态农业阶段调整演化。

因此，通过梳理和借鉴相关理论，为推动南疆农业产业结构调整，使农业产业结构与当前经济社会发展相适应提供了理论依据，需根据南疆实际情况及不同时期经济发展的要求确定相符合的农业产业结构调整方向。

二、现实依据

（一）南疆四地州农业产业发展所处阶段

在借鉴现代农业发展阶段理论的基础上，根据徐星明、杨万江（2000）对现代农业发展阶段的划分标准来看，南疆四地州人均耕地面积不足 3 亩；粮食、棉花、林果等农业生产成本逐年升高，存在化肥等现代生产要素不合理投入等问题；小麦、棉花亩均产值均呈现下降趋势；农业生产效益明显降低，农业生产水平相对滞后，农业机械化水平较低，农业劳动生产率、农产品商品率不高。2019 年，第一产业收入在农村居民经营净收入中占 80.98%，是农民收入的主要来源，农民的科学文化水平较低，农业生产技术和经营管理基本上还是基于实践经验的积累。因此，总体上来看，南疆农业产业结构层次仍较低，尚处于现代农业发展的初步发展阶段，正面临着产业结构调整的迫切需要，是农业产业由劳动密集型向劳动、资本、技术、品牌融合型转变，由初级加工向精深加工转变，进入加快发展、优化升级新阶段的关键期。

（二）南疆四地州农业产业布局

根据农业区位理论来看，南疆四地州是新疆粮食、棉花作物的主要产区，是新疆重要的特色林果业基地，由于自然条件、农业资源、农民素质等相差不大，导致在农业产业发展上的趋同。在种植业方面，水稻和玉米主要分布于阿克苏、和田和喀什地区。在林果业方面，红枣和核桃主要分布在和田地区和阿克苏地区；核桃、巴旦木主要分布在喀什地区；杏主要分布在克州、阿克苏地区和巴州；石榴主要分布在和田地区；梨主要分布在巴州，果品总体质量不高，标准化程度低，优势产品结构雷同。在畜牧业方面，生产方式均以农户散养的传统养殖为主，养殖品种主要是肉羊、牛等，均尚未形成规模化养殖，各地区尚未形成适合当地的特色优势农业产业，以及具有竞争力的特色产品。因而，按照杜能的农业区域布局理论，充分考虑自然环境、自然资源、市场和运输、劳动力、资本、技术、政府政策等影响因素，根据南疆四地州农产品生产效益和市场供需情况，提出优化南疆四地州内部产业布局方案，推进优势产业向优势区域集中，促进粮棉向优势区域集中。

（三）国内外农业产业结构调整趋势

从国内外农业产业结构调整趋势来看，农业产业发展正从高产农业、绿色农业向功能农业转变，人们对农产品、食品的需求已不仅停留在解决温饱、确保安全的阶段，而且还希望其集功能化、营养化、健康化于一体，农产品的市场结构和消费需求发生了重要变化。从农业产业内部结构调整趋势来看，主要有四个方向：传统农业结构向现代农业结构调整，农业内部结构向协调化方向调整，农业由分散化经营向农业产业化方向调整，高碳农业向低碳农业方向调整。因而，南疆四地州农业产业结构调整趋势应符合：一是农业各产业之间的比例更协调，小农业比重将有所下降，有利于农产品品种的优化，农业劳动生产率和产量水平不断提高，农业产业提质增效。二是在农作物种植方面，原材料作物和饲料作物的种植比例逐渐增加，畜牧业发展对饲料的需求不断增长，工业化发展对原材料的需求，无论是数量还是品种上都会逐渐增加，这要求农业部门种植更多的原材料作物和饲料作物，从而引起农业产业结构发生变化。三是农业生产更专业化，通过专业化生产可因地制宜地使各种农产品相对集中生产，形成规模优势，提高市场竞争力。四是农业科技化和农业信息化趋势越来越明显，农业科技将促进优质、高产、高效的农产品生产，农业信息技术应用将提高农业生产的灾害预警预报能力，降低农业产量出现较大波动的风险。五是农业生产逐渐向生态化、功能化方向发展，基于南疆四地州生态系统的良性循环考虑，以及人们对生活质量、农产品品质的追求，都决定了未来农业生产的结构调整还需考虑对自然环境的影响，使生态农业、功能农业成为必然的趋势。通过农业产业结构不断调整，逐步实现南疆农业的区域化布局、专业化、规模化生产和农业产业化经营，农业内部的行业分工越来越细，农业、加工业与商业紧密结合于一体，形成农工商一体化、产供销一条龙的产业化经营格局。

（四）南疆四地州重点农产品市场环境与需求

根据市场需求，充分利用产业优势、挖掘产业发展潜力，是南疆农业产业调整方向的市场依托。

小麦：主要满足疆内需求，南疆小麦多为中低筋，高中筋小麦需从北疆调配，实行小麦临时储备政策，价格基本稳定，但小麦品质不高，结构性矛盾突出，优质产品少，普通产品和劣等产品过剩。加工水平较低，大多为通用面粉，特色专用面粉供给较少，麦麸胚芽深加工少。

棉花：2020~2021年，我国棉花总需求量约780万吨[1]，疆内棉花产量约520万吨，占全国棉花产量的87%，占国内消费比重约67%，在总产、单产、种植面积、商品调拨量方面连续26年位居全国第一。

枣：以鲜食和风干初加工为主，大多销往内地。枣价格波动较大，根据品种、产地、口感、糖分差异而不同，近三年由于枣产量逐年上升，基本处于供大于求的状态，枣价持续下降。加之运输成本较大，市场竞争力较弱。

葡萄：新疆是全国最大的葡萄产区，四地州葡萄产量占全疆葡萄产量的20.51%[2]。葡萄价格季节性波动较大，2019年全国葡萄市场平均批发价维持在每千克8~14元。但不同品种价格差异较大，优质葡萄批发价高至每千克40元左右，一般品种16~20元，传统品种6~10元[3]，优质葡萄价格高且不愁销路。

---

① 东方财富网：《2021年中国棉花行业产销现状与进出口情况分析》。
② 资料来源：2020年《新疆统计年鉴》。
③ 农业农村部市场与信息化司运行调控处：《我国葡萄市场与产业调查分析报告》。

牛羊肉：疆内牛羊肉整体供小于求，产不足需，供给持续不足，羊肉缺口较大，每年从疆外调入 2 万多头牛、300 多万只羊补充市场需求。南疆四地州羊肉缺口 10 万吨左右，羊肉价格比全疆高 5.9%，牛肉价格比全疆高 0.2%。

蔬菜：整体南疆蔬菜较缺乏，80%需从北疆调入，尤其是冬季蔬菜更是从疆外调入，蔬菜价格较其他地区较高，蔬菜整体求大于供。

因此，从南疆农产品市场需求来看，均有较好的市场需求前景，牛羊肉、蔬菜属于供小于求的状况，需通过产业结构调整加大畜牧业规模化、产业化生产、设施农业的加快发展以满足当地的市场需求；枣、葡萄等瓜果产品虽处于供大于求的状况，但市场需求前景广阔，主要受产品销售渠道不畅、运输成本较高、较难储存等因素影响，需在控制规模的基础上，着力提高产品质量、标准化水平；小麦主要是从内部产品上调整，以满足人们更高的需求；棉花则需优化产品品种，调优调减棉花种植面积，提高单位面积棉花产量，进而延伸产业链。

（五）南疆四地州农业产业自身发展转型要求

从目前南疆四地州农业产业结构来看，一是主要以种植业和畜牧业为主，林业和渔业的比重较小，产业结构整体调整缓慢。二是种植业成本不断增高、效益递减、产品结构性矛盾问题突出，南疆四地州粮食、棉花种植面积占主导地位，油料、蔬菜等其他作物面积比重明显偏低，但粮食生产尤其是小麦生产出现"优质产品少"的结构性矛盾，生产环节产量较高，加工环节加工能力不足，因而种植业内部结构须进一步调整。三是畜牧业、林果业规模化产业化经营不足，效益偏低，南疆畜牧养殖普遍分散经营为主，组织化程度不高，农户散养比重偏高，优质饲草料供应不足，导致畜牧业规模化、产业化生产经营不足，进而畜牧养殖效益整体偏低。林果业生产产业化、标准化、组织化程度低，果树和农作物之间资源争夺矛盾突出，产品质量参差不齐，优质果品率低，产品价格不稳定，面临产业化经营不足、效益偏低等问题，因而畜牧业、林果业结构调整需推动产业化发展，形成规模效益。四是南疆四地州农业与二、三产业融合程度较低，新型农业经营主体发育较缓慢，农业产业整体效益不高，农民增收困难，因而需要加快农业与其他产业之间的调整优化。因此，在南疆农业产业结构调整中，种植业方面重点在于降低生产成本，粮食生产应在确保粮食安全的基础上，调整品种结构和生产规模；棉花应优化区域布局，调整优化产品结构；畜牧业方面应加大调整畜群结构，促进肉牛肉羊规模化养殖；特色林果及设施农业方面应强化优质林果基地标准化建设，优化设施农业区域结构、种植结构和品种结构，发展高效蔬菜种植和设施林果、设施苗木和特色时令种植；同时还需在升级培育农产品名优品牌，完善营销物流体系，培育新型农业经营主体等方面加快南疆四地州农业产业结构调整，从整体上优化农业产业内结构和产业间结构，进一步推动农业产业链延伸，推动农业产业、产品迈向中高端，增强农业产业竞争力，提高南疆四地州农业产业整体发展水平。

第六节　新疆农业产业结构调整的总体思路

一、调整的总体思路

深入贯彻习近平新时代中国特色社会主义思想，深入贯彻党的十九大和十九届五中、六中全会精神，贯彻落实习近平总书记关于新疆工作的重要讲话和重要指示精神，贯彻落实以习近平同志为核心的党中央治疆方略，紧紧围绕社会稳定和长治久安总目标，加强党对"三农"工作的全面领导，坚持稳中求进工作总基调，牢固树立新发展理念，落实高质量发展要求，统筹推进"五位一体"总体布局和协调推进"四个全面"战略布局，坚持把解决好"三农"问题作为重中之重，以农业供给侧结构性改革为主线，以实施乡村振兴战略为总抓手，立足南疆水资源条件，按照"稳粮、优棉、促畜、强果、兴特色"的要求，优化农业生产力布局，加快发展粮经饲统筹、种养加一体、农林牧渔结合、一二三产业融合发展的现代农业结构，构建现代农业生产体系、经营体系、产业体系，推进产业转型升级，深入推进农业绿色化、优质化、特色化、品牌化，推动农业由增产导向转向提质导向，提升农产品有效供给质量，促进农业增效、农民增收、农村增绿，促进南疆农业结构不断优化升级，扎实推动农业高质量发展。

二、调整的主要原则

坚持以总目标为统领。牢固树立社会稳定和长治久安总目标，把总目标作为着眼点和着力点，坚定不移地用总目标统一思想、统一认识、统一步调、统一行动，紧紧围绕总目标来谋划和推进南疆产业结构调整。

坚持底线思维，确保粮食安全。种植业结构调整要立足新疆区情和粮情，集中力量把最基本、最重要的保住，守住"谷物基本自给、口粮绝对安全"的战略底线。

坚持因地制宜，优化农业区域布局。综合考虑产业基础、区位优势、市场条件、资源禀赋等各方面因素，因地制宜优化农业产业布局，优先发展比较优势突出的产业或产品，推进农业适度规模经营发展，培育壮大具有区域特色的农业主导产品、支柱产业和特色品牌，加快形成特色鲜明、优势突出、初具规模的主导产业群、优势产业带，防止盲目跟风现象，避免产业同构、同质竞争，将比较优势转化为产业优势、产品优势、竞争优势。

坚持市场导向，加快农业供给侧结构性改革。充分利用国际和国内两个市场，充分发挥市场配置资源的决定性作用，加强政府引导，科学确定农业结构调整方向和重点产业，强化农业科技基础条件和装备保障能力建设，加快推进农业供给侧结构性改革，结合市场需求和资源禀赋优势，促进品种结构优化升级，发展适销对路的优质品种，增加优质、高效、特色农产品供给，拓展农产品销售市场，满足市场多样化、多层次需求，提高农民收入。

坚持创新驱动，加快一二三产业融合。大力推进农业体制机制创新和科技创新，深化现代农业发展重点领域和关键环节改革，提升农业结构调整的科技水平。培育新型农业经营主体和新型农业服务主体，发展适度规模经营，提升集约化水平和组织化程度。通过产业联动、要素集聚、技术渗透、体制机制创新等方式，使农业生产、农产品加工和互联网、休闲旅游、饮食民俗、教育体验、健康养生及其他服务业有机地整合在一起，推进一二三产业互动融合发展，提升农业效益，实现产业兴旺，带动农民增收。

坚持绿色发展，促进持续发展。树立尊重自然、顺应自然、保护自然的理念，发挥绿色有机农业竞争优势，节约和高效利用农业资源，加快品牌建设，打好绿色、生态、有机牌，积极发展休闲农业、乡村旅游等新业态，促进资源永续利用，实现产业绿色发展，以产业兴旺带动乡村全面振兴。

坚持提质增效，促进农民持续增收。突出小农户和现代农业发展的有机衔接，充分发挥政府和市场的作用，强化"三农"政策支持，建立健全与农户的利益联结机制，推进农业产业精准扶贫，发展壮大农村集体经济，促进农业提质增效，促进农民持续增收。

三、调整的方向和重点任务

（一）调整的主要方向

以市场需求为导向，推进优势产业向优势区域集中，着重优化南疆粮棉果畜农产品生产结构，改良农产品品种，提升农产品质量，培育农产品品牌，为市场和消费者提供更丰富、更适销对路的产品，在满足人们对农产品多样化、优质化需求的同时，增加农业效益。

着重延长农业产业链，加快提升南疆粮食、棉花、畜牧业、设施农业和区域特色农业，推动农业从农产品生产领域向农产品加工、储运和营销领域拓展，构建现代农业生产体系、经营体系、服务体系。

着重促进农业与二三产业融合发展，依托南疆农村独特的民俗风情、旅游景点、田园风光、乡土文化等资源，发展农业休闲观光和乡村旅游，为消费者提供亲近自然、回归乡村的消费体验和服务。

（二）调整的重点任务

解决好粮、棉、果阶段性供过于求与部分产品供应不足问题。当前，南疆粮食生产总量供应有余，但存在品种和质量结构性供应矛盾，优质小麦仍然产不足需。南疆粮食生产应在保持粮食产能、确保南疆粮食安全的基础上，适时适度消化库存、调整品种结构和生产规模。棉花已经成为支撑南疆农民脱贫增收和农村经济发展的支柱产业，近年来，棉花价格下降幅度较大，棉花种植效益下降，但南疆作为全国棉花生产基地，不宜过度削减棉花产能，应优化区域布局，重点扶持和发展好优势棉区和宜棉区，建立棉花随市场行情灵活调整产能的生产机制，确保在国际棉价上升时，棉花产能有保障。

四、调整的主要目标

2025 年，实现谷物基本自给、口粮绝对安全，农业生产结构更加优化，农业产业布局更加优化，农业基础设施进一步完善，主要农产品供给得到有效保障，特色优势农产品比重明显提升，品种结构不断优化升级，农产品区域品牌价值不断增加，新业态新模式加快发展，产业融合发展总体水平明显提升，农业供给体系质量显著提高，农业绿色生态效益初步彰显，基本形成"产地生态、产品绿色、产业融合、产出高效"的现代农业发展新格局，带动农业竞争力明显提高，促进农民增收和精准扶贫、精准脱贫作用持续增强，为南疆乡村振兴发展、决胜全面建成小康社会提供有力支撑。

（1）产业布局调整更加优化。粮食播种面积保持稳定，南疆粮食安全保障能力切实提升，小麦、玉米、水稻粮食主产区建设不断加强，粮食产能得到巩固提升。棉花、油糖菜等经济作物保持稳定发展，饲草料种植不断扩大，粮经饲三元结构建立，特色林果业种植稳定发展，区域产业布局得到优化。粮食生产功能区、重要农产品生产保护区、特色农产品优势区建设稳步推进，优质农产品生产布局初步形成。标准化示范区和良种繁育基地加快建设，现代农业产业园、科技园、创业园建设全面推进，农产品加工业产业布局进一步优化，产业集聚程度明显提高，科技创新能力不断增强。

（2）品种结构不断优化升级。粮食品种结构调整优化，粮食主产县优质高效高产粮田建设加快推进，粮食综合生产能力提升。南疆果粮间作套种模式逐步退出，低产区小麦种植规模逐步调减。棉花主栽品种区域化、规模化生产加快推进，棉花品种多乱杂等问题得到解决，早中熟棉区种植推广的主栽品种得到推广。农区畜牧业结构加快调整优化，品种改良进一步强化，牛羊生产规模稳步扩大，奶业不断壮大，生猪、禽类产业稳步发展，马、驴、驼、鸽等特色畜禽养殖业加快发展。林果主产区建设加快推进，树种和品种结构得到优化，核桃、红枣、杏、葡萄、苹果、香梨等林果种植面积稳定，巴旦木、桃、开心果、杏李、樱桃等名优特新品种和设施林果适度发展，早、中、晚熟品种合理配置，制干、鲜食与精深加工品种协调发展。特色农产品优势区和设施农业优势区加快建设，形成初具规模的加工番茄、加工辣椒、甜瓜、酿酒葡萄、枸杞、沙棘、花生、红花以及杂粮杂豆、芳香类作物、中药材、花卉等地方土特产和小品种发展格局。

（3）一二三产业深度融合发展。产业融合发展总体水平明显提升，产业链条完整、功能多样、业态丰富、利益联结更加稳定的新格局基本形成，农业生产结构更加优化，农产品加工业引领带动作用显著增强，一批特色鲜明、引领示范作用突出的龙头企业逐步培育，休闲农业和乡村旅游等新业态新模式加快发展，产业融合机制进一步完善，乡村创新创业全面推进，一二三产业融合发展先导区建设加快推进，不断满足消费者对优质、高效、特色农产品消费需求。

（4）新型农业经营主体不断壮大。各类新型农业经营主体融合发展，参与产业发展的积极性和创造性提升，经营管理水平和示范引领能力不断提升，农业生产作业主要环节基本实现社会化服务，农业生产组织化、专业化程度和劳动生产率明显上升，利益联结机制逐渐完善。

第七节　新疆农业产业结构调整的建议

新疆南疆农业产业结构性矛盾比较突出，调整南疆农业产业结构需加强农业基础设施建设、优化农业内部产业结构、加强优质品种选育、加快品牌建设和加大营销力度、推进农业与二三产业融合发展、强化农业基础支撑、突破资源要素瓶颈制约、加强基层人才培养。

一、强化农业基础设施建设，为产业结构调整夯实基础

水是制约南疆农业发展的突出瓶颈，要着眼优化南疆水资源配置，重点补齐水利投入、流域治理、推进控制性水利工程建设、灌区水利工程配套、节水灌溉、中低田改造等方面的短板，逐步将南疆耕地建成灌溉有保证的稳产高产农田。一是加强控制性水利工程。当前南疆水库及容水设施建设普遍滞后，洪季水资源利用率不高，55%的水资源没有得到有效利用，水资源浪费严重。二是提高骨干输水工程防渗率。南疆渠道防渗能力低，总体防渗率仅为52%，每亩实际用水高达830多立方米，水资源在输送途中损失严重。三是加快发展高效节水灌溉。发展高效节水灌溉是今后南疆田间工程建设重点，应着力在生产上占主导的棉花与红枣、核桃、巴旦木等作物上突破。

加强高标准农田建设，推进粮食优势生产区高标准农田建设，支持符合条件的经营主体开展中低产田改造、土地整治、原料生产基地等项目建设，大力支持农牧一体化的标准化养殖场（小区）及粪污无害化处理设施建设。改善涉农仓储、保鲜、加工等设施条件，加强各类农产品加工园区基础设施建设，为延长农业产业链提供支撑。

二、优化内部产业结构，推进优势产业向优势区域集中

按照农作物适宜环境，逐步将农产品调整到最适宜生产的区域，构建生产生态协调的区域结构。现阶段，南疆四地州农业产业结构应根据农产品生产效益和市场供需情况，进行合理调整。粮食方面，促进粮食向优势区域集中，根据小麦种植用水需求，坚持稳定面积、保障基本供给、主攻单产、改善品质、节本增效的总体思路，加强南疆四地州小麦等粮食作物结构调整，促进小麦调减优化，把林粮间作等低产低效粮田退出来，扩大小杂粮、油料、

蔬菜等种植面积。棉花方面，根据《棉花优势区域布局规划（2008－2015年）》《喀什地区国民经济和社会发展第十三个五年规划纲要》等规划，继续优化棉花布局结构，和田地区和克州棉花种植面积极少，调整意义不大；在具备长绒棉生产光热条件的阿克苏地区建立稳定的长绒棉生产基地，加大长绒棉区域保护；喀什地区规范棉花品种，推进"一县一种"，着力提高单产水平和机械化水平。积极利用粮食、棉花退出的低产低效面积，发展良种饲草料种植面积，建设一批优质饲草料基地，逐步引导种植业结构由粮经二元结构向粮经草料三元种植结构发展。林果业向连片规模化、标准化区域集聚。畜牧业向特色化、产业化区域集聚。

三、加快优质选育，推进农产品供给结构优化升级

粮食方面。加强高产高效粮田建设，在喀什、阿克苏等小麦优势生产区建成一批生产条件好、标准化水平高的优质小麦生产基地，巩固优质小麦生产能力。有效调减林粮间作等低产能低效粮食种植面积，实施"退二增一"政策，即退出三年以上核桃地间作小麦，退出2亩间作小麦，增加1亩白地小麦，保证小麦总产量不变；对保留的林粮间作面积，强化科技投入，稳定粮食单产。确定南疆四地州粮食生产主产县市，落实国家和自治区对粮食主产县市各项支持政策及农资补贴，提高主产县市农民种粮积极性。加强小麦品种研发和选育，推广优良品种和高产高效种植模式，提高小麦单产和品质。

棉花方面。突出发展优势高产棉区，大力开展棉花高产高效创建，加快推进棉花生产保护区棉花生产标准化种植和生产全程机械化，推广膜下滴灌、测土配方等技术，提高生产水平。通过棉花规模化经营、节本技术推广，实现棉花种植降本提质增效，努力提高棉花生产效益。强化棉花高品质生产能力，提高棉花品质，落实棉花优质优价。

畜牧业方面。根据南疆四地州各县（市）特色，坚持种养结合、草畜配套、农牧融合的发展理念，切实提高草食畜牧业发展质量和效益。调整畜群结构，实施良种繁育体系、牲畜棚圈改造、养殖技能提升三大工程，建设肉羊原种场、扩繁场，完善良种繁育体系，满足南疆肉羊品种改良需要。在品种选育上，加强山区种源基地建设，完善种羊生产良种补贴；农区大力推广多胎小尾寒羊、湖羊，肉用萨福克羊、杜泊羊品种，地方多浪羊、和田羊品种；驴、奶牛、家禽等特色养殖品种选育。引导扩大饲草料种植，激励农业科技人员选育、推广适合南疆的耐旱、高产、优质的饲草品种和配套种植技术，提高饲草产业机械化水平，提高饲草加工利用率。在畜牧生产优势区域，发展适度规模养殖场和庭院养殖两种模式，挑选优良品种建设规模肉牛肉羊养殖场，促进南疆四地州肉牛肉羊规模化养殖。推进庭院养殖，发展养殖专业乡、村，实现区域内养殖品种和饲养管理的标准化，促进出栏产品同质化，提高区域内专业化生产程度。

特色林果及设施农业方面。强化优质林果基地标准化建设，继续推进健康果园建设和绿色有机果园认证，打好南疆特色林果生态有机绿色牌，增强林果产品市场竞争力。有计划地逐步淘汰市场需求量少、品质差、效益低、加工产业化程度不高的传统林果品种，有计划退减产能过剩低产低效林果面积，退出面积发展粮食和饲草生产。加强南疆果树育种和科技创新的基础研究投入，创新林果育种材料，改善育种研究手段，结合现代生物学技术开展种质资源评价与利用，培育丰产、优质和多抗的专用新品种，对特色林果产业发挥长期稳定的品种资源支撑。充分利用南疆四地州光照资源，发展设施农业。重视优化设施农业区域结构、种植结构和品种结构，引导农民结合实际发展高效蔬菜种植和设施林果、设施苗木和特色时令种植。继续按照发展"一村一品""一县一业"的要求，支持南疆四地州扩大特色作物种植，形成特色农业优势区域布局和新的产业增长点。

四、以国内市场需求为导向，加大品牌建设和营销力度

加快品牌建设。立足提升质量，大力培育农产品名优品牌。南疆各地州政府部门承担起品牌建设的主体责任，做好农产品品牌建设规划，建立农产品品牌建设补贴机制，打造几个重点品牌；加强农产品标准化建设，增加农产品品牌的建设投入，协调企业与农户的关系，保障品牌农产品供应；实施优质农产品品牌建设战略，将南疆优质小麦、红枣、苹果、核桃农产品打造成世界级农产品品牌。鼓励企业申请原产地标志、有机、绿色等认证，提高品牌辨识度。

加大营销力度。支持南疆面向全国市场建设各类农产品外销平台，在全国最具影响力的干果集散地设立南疆农产品展示中心，让消费者近距离体验新疆果品。推动南疆依托援疆省份建设农产品外销窗口。对南疆企业到内地城市建设农产品区域性分仓和营销网络给予政策支持。支持南疆四地州参加国内各类农产品投资贸易洽谈会、农交会，不断建立稳定的采购供应关系。大力推进南疆"互联网+农业"行动，提升农业信息化水平，扶持发展电子商务、网上交易等新型业态，依托淘宝、京东商城、苏宁易购等第三方电子商务平台等实现网上销售，减少流通环节。加快建设连锁经营、加盟直销和电子商务平台。抓住"一带一路"倡议的战略机遇，大力开拓周边国家市场。

五、促进农业与二、三产业融合发展，不断提升产业结构调整的效益

南疆四地州农业与二、三产业融合程度较低，提高农业发展水平，增加农业效益，需在确保粮食安全的底线前提下，推进粮经饲统筹、农林牧渔结

合、种养加一体，以及农业与二、三产业的融合发展，扩展农业多功能。农产品加工业处在产业链前后延伸的重要位置，能够"接一连三"，带动农民就业增收。休闲农业促进农业直接连接三产，从而带动二产，体现了农业与二三产业融合发展的重要理念。就南疆四地州实际情况来看，推进产业融合发展应从发展农产品加工业和休闲农业着手。

发展农产品加工业，延长农业产业链。大力发展农产品深加工是延长农业产业链条、带动农民就业增收、实现农业提质增效的有力抓手。南疆各地州应依据当地资源特色，紧随市场动向，积极发展农产品产地初加工和精深加工，促进农产品就地加工，加快农业生产向前向后延伸，打造完成产业链条。尽快研究制定加快南疆农产品加工业发展的政策性措施，推动南疆农产品加工业扩大规模和转型升级。在南疆部分县市选择一批优势明显的特色农产品，开展龙头企业全产业链生产与加工技术推广示范，构建覆盖全产业链的新型产业发展模式。以园区为载体引导农产品加工业集聚发展，建立农产品初加工基地，提高农产品初加工生产水平，逐步解决精深加工的瓶颈技术，不断推进农产品加工向深层次发展。强化技术支持，充分发挥对口援疆省份作用，引进先进适用的农产品加工技术，依靠科研单位和龙头企业对共性技术和重大关键技术进行逐项研发突破。支持南疆利用疆内、国内区域性投资贸易平台，组织大型农产品加工企业和企业集团到南疆主产区开展对接活动，引导这些企业的加工产能向南疆主产区转移。通过各种渠道发布南疆农产品产销对接需求，寻找有意向的经销商或加工企业，鼓励各类企业进入农产品生产、贮运、加工、营销各环节。加快落实财政、金融等扶持政策，鼓励一批地方国有企业和有实力的民营企业投资农产品加工。

休闲农业方面，深入挖掘拓展农业休闲、教育等功能，充分利用南疆民族风情、自然风貌等独特的资源，推进农业生产流通、旅游、文化、健康养老等产业深度融合发展，积极打造休闲农业、创意农业、戈壁农业、农家乐、渔家乐，培育新产业、新业态，结合小城镇建设，建设一批具有文化底蕴和民俗特质的乡村旅游村镇，吸引更多的城市人群下乡消费体验，充分发挥农业的多功能性，带动农民就业增收。

六、突破要素瓶颈制约，强化南疆农业产业结构调整的支撑能力

稳妥推进土地制度改革。大力推进农村土地制度改革、集体资产股份化改革、农村金融改革和农业农村保险业的发展，探索和建立农业资源配置、农民多渠道增收、农村集体经济发展、农业多渠道投入、农业风险有效防控的市场化新机制。积极推进外向型农业发展，进一步深化和推动农业开放发展，大力支持符合条件的农业企业"走出去"，在国外建立农产品生产基地，逐步形成新疆农业国际化的新渠道、新机制和新态势。

大力培育新型农民经营主体。南疆四地州新型农业经营主体发育比较缓慢，促进南疆四地州农业规模化发展，提高农业经营效益，首先要解决好南疆新型农业经营主体数量不足、质量不高、作用发挥不好的问题，加快培育一批技术装备水平高、示范带动能力强的新型农业经营主体。引导家庭农场和专业大户提升组织程度和经营管理水平。支持和规范发展农民合作社，加大对农民合作社的支持力度，发挥农民合作社在提供技术支持、扩大产业规模、抵御市场风险等方面的重要作用。鼓励农民以土地、资金、产权、产品、劳动、技术为纽带，开展多种形式的合作与联合，依法组建农民专业合作社联合社。培育壮大农业龙头企业，发挥龙头企业示范引领作用。支持家庭农场、专业大户、农民合作社拓展经营结构，支持其向加工、物流配送、销售、休闲旅游等领域拓展，逐步形成联合型、多功能性的综合服务型农业经营组织。利用龙头企业在资金、人才、管理、技术等方面的优势，鼓励龙头企业

延伸产业链，支持其发展农产品精深加工和营销，建设规模化的原料生产基地，带动农户发展适度规模经营，与农户建立利益联结机制。认真落实培育发展新型经营主体的支持政策，加大财政、税收、土地、信贷、保险等政策扶持力度，扩大新型经营主体承担涉农项目规模。

发展适度规模经营。立足南疆人均耕地资源占有量少、基本经营农户占绝大多数的实际，处理好农户分散经营与发展农业规模经营的关系，依靠发展不同形式的农业适度规模经营，努力提高农业效益和竞争力。鼓励有条件的外出务工和经商的农民，在自愿前提下依法通过转包、出租、互换、转让、入股等方式将自己的承包地流转给农村种养大户、合作社或者家庭农牧场，实现种养业规模化经营，既提高农民土地财产收益，又增加耕地规模经营收益。加快培育农业经营性服务组织，积极推广合作式、托管式、订单式等服务形式，支持农业合作社、农业龙头企业、供销合作社等组织面向农民开展农业社会化服务。加快南疆农村土地确权登记颁证试点工作，推进建设南疆县级农村土地流转交易服务平台，健全南疆四地州土地流转服务体系和市场调节手段的土地流转机制，稳步促进南疆土地流转，使南疆四地州土地流转法制化、规范化、程序化。

健全完善营销物流体系。在南疆重点农产品集散地和销地，特别是一些中心镇、重要交通要道和城乡接合部，集中力量规划建设和改造一批大型农产品产地批发市场和物流配送中心，逐步形成高效稳定的农产品流通渠道。抓好南疆现有的农村集贸市场的改造提升，完善市场设施和功能，提升辐射带动力。运距远、冷链物流不发达等是南疆鲜食农产品效益不高的重要因素。加强南疆的冷链物流建设，抓紧推进南疆通用机场建设，尽早发挥通用航空在农产品运输方面的快捷作用，开通疆内西至国外、东至内地省份的农产品货运班列，全面提高农产品货运能力，降低南疆农产品出疆运输成本。探索转变农产品补贴方式，梳理各项惠民补贴，将原来"补价格"的部分资金酌情补贴到运输上来，探索在南疆建立运费补贴机制。

七、加快基层人才培养，大力培育新型职业农民

目前，南疆四地州基层技术服务处于"缺编、缺人、缺岗位、缺激励"状态，农村基层服务能力偏弱，农业技术人才短缺，应加快基层人才培养。一是把农民技术培训放在优先位置，利用多种形式对农户进行技术培训，不断提高农户科技素质，提高农民农业生产技能。二是加快基层人才培养，逐渐形成一支稳定的基层农业技术推广队伍，加强后备技术人才培养，特别是中青年科技骨干，加大"三农"专业技术人才培训力度，确保基层落实先进生产技术。三是加快农产品加工领域人才引进、培养和合作机制，实行南疆四地州农产品加工企业管理、技术人员和产业工人培训奖补政策，对开展自主培训的企业给予职工上岗后补贴，加大管理和技术人才交流培训力度。

第三章　调整优化新疆农业重点产业

第一节　调整优化粮食产业结构

南疆四地州是新疆小麦、玉米等重要粮食作物的生产区和消费区，在确保全疆的粮食安全工作中具有不可替代的作用。现阶段，南疆四地州总体基本实现粮食自给自足，然而近年来，南疆生态环境发生变化，消费需求刚性增长、耕地数量逐步减少、水资源短缺现象突出，大面积果粮间作发展趋势不可逆转，小麦生产稳定发展面临困境。基于南疆四地州发展实际和新疆政策要求，如何在耕地和水资源条件约束下，深入分析研究南疆四地州粮食产业发展面临的制约因素和问题，有针对性地提出提高粮食产业供给侧适应性和灵活性、促进粮食供给体系更好地适应需求变化的途径与措施，对于促进南疆四地州加快转变南疆农业发展方式、促进农业提质增效和实现乡村振兴都具有重要的现实意义。

一、粮食生产现状

（一）主要粮食生产情况及发展趋势

1. 主要粮食生产情况

南疆四地州是新疆粮食①的主要产区，主要分布在阿克苏、喀什与和田地区，克州相对较少。2019 年南疆四地州粮食作物总播种面积为 1272.86 万亩，占全疆的 38.86%，产量为 460.32 万吨，占全疆的 30.79%。小麦和玉米是主要的粮食作物，其中，小麦作为主要的粮食作物，面积较为稳定。2019

---

① 本书中的粮食范围参考《新疆统计年鉴》的口径，将谷物、豆类作为粮食作物。

年南疆四地州小麦总播种面积为 714.77 万亩，占全疆的 44.89%，总产量为 250.93 万吨，占全疆的 43.56%，喀什地区和阿克苏地区小麦播种面积较大，和田地区次之，克州播种面积相对较少。

南疆四地州主要粮食作物除小麦以外，还有玉米、水稻等谷物粮食作物、豆类（见图 3-1 和图 3-2）。2019 年南疆四地州玉米播种面积为 489.72 万亩，占全疆的 32.74%，总产量为 189.75 万吨，占全疆的 22.11%，主要分布在喀什、阿克苏与和田地区；水稻种植面积为 33.79 万亩，占全疆的 39.58%，总产量为 18.69 万吨，占全疆的 36.21%，主要分布在阿克苏地区；豆类种植面积在全疆占比较少，2019 年南疆四地州薯类种植面积为 30.02 万亩，占全疆的 40.19%，总产量为 4.89 万吨，占全疆的 33.07%。

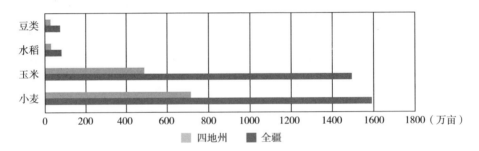

图 3-1　2019 年南疆四地州与全疆主要粮食作物播种面积对比

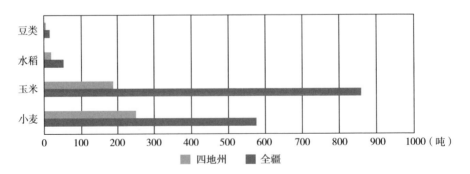

图 3-2　2019 年南疆四地州与全疆主要农产品产量对比

2. 主要粮食发展趋势

2010~2019 年南疆四地州主要粮食作物的种植面积和产量总体呈上升趋势，较好地保障了南疆四地州粮食安全和粮食市场的总体平稳（见图 3-3 至图 3-6）。2010~2016 年，南疆四地州和全疆粮食播种面积和产量连续增长，粮食市场供过于求，小麦供需出现结构性过剩。2017 年，南疆四地州粮食作物播种面积为 1495.38 万亩，较 2010 年末的 1335.90 万亩增长 11.94%，年均增长 1.62%。粮食产量 691.43 万吨，较 2010 年末的 589.59 万吨增长17.27%，年均增长 2.30%。为缓解粮食产量好、库存高、粮价偏低现象，推动实现小麦收储优质优价、供需平衡目标，促进粮食产业创新发展、转型升级和提质增效，2018 年，新疆在全疆范围实施小麦收储制度改革试行方案，提出在确保粮食安全的基础上，积极稳妥推进小麦收储制度市场化改革，建立"政府引导、市场定价、多元主体收购、生产者补贴、优质优价、优质优补"的小麦收储新机制。政策实施后，2018~2019 年，全疆粮食播种面积略有下调，粮食产量持续增产，南疆四地州粮食产量随着播种面积下调而有所减少。

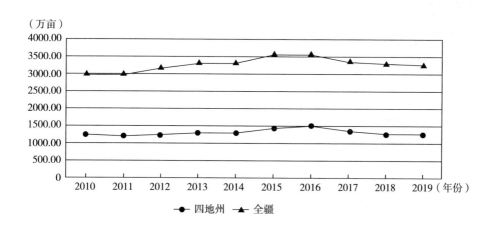

图 3-3　2010~2019 年南疆四地州与全疆粮食种植面积趋势

资料来源：2011~2020 年《新疆统计年鉴》。

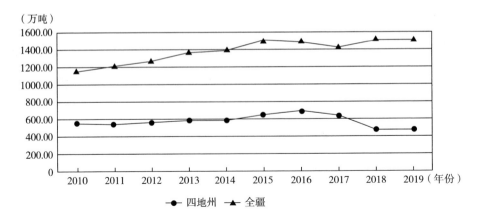

图 3-4　2010～2019 年南疆四地州与全疆粮食产量趋势

资料来源：2011～2020 年《新疆统计年鉴》。

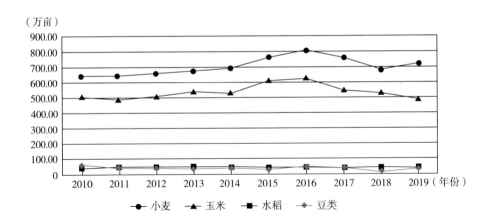

图 3-5　2010～2019 年南疆四地州主要粮食作物种植面积发展趋势

资料来源：2011～2020 年《新疆统计年鉴》。

（二）当前南疆四地州粮食生产供需平衡情况

新疆在疆内粮食调剂平衡，北疆主要自伊犁、塔城、昌吉等产区流入乌鲁木齐、吐鲁番等销区，南疆主要自喀什地区、阿克苏地区流入和田地区。

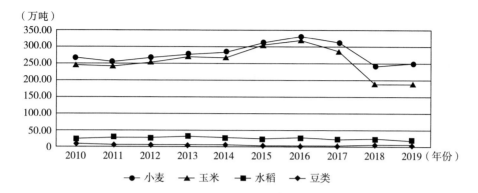

图 3-6　2010~2019 年南疆四地州主要粮食作物产量发展趋势

资料来源：2011~2020 年《新疆统计年鉴》。

南疆四地州基本实现了粮食（小麦）自给有余，但为满足南疆四地州以中弱筋、延伸性好的小麦为主要消费取向的需求，则需从北疆地区调入筋力偏强的小麦，少量调运调剂市场。

二、粮食产业面临的形势和问题

当前，南疆四地州粮食生产主要存在着以下问题：农业基础设施建设仍然比较薄弱、不利于粮食生产；粮食生产效益偏低、种粮主体的积极性减弱；林粮间作面积较大、影响农业生产效益；粮食产业体系建设滞后、产业链条短、附加值低；粮食产后管理服务体系建设水平不高、现代化管理水平须进一步提升；尚未建立粮食产销区利益补偿机制、粮食主产区种粮积极性不高等。

（一）粮食高效生产的农业基础设施薄弱

一是粮食生产水资源限制现象突出。南疆四地州没有灌溉就没有农业，农业是最大的用水户，且由于南疆四地州耕地质量不高、质地偏沙，土壤保水能力差，作物灌溉定额较高。在这种需水情况下，南疆四地州却面临水资源短缺、农业用水矛盾突出的困难。二是南疆四地州高标准粮田不足。高标准粮田是指划定的基本农田保护区范围内，建成集中连片、设施配套、高产稳产、生态良好、抗灾能力强、与现代农业生产和经营方式相适应的高标准基本农田。南疆耕地面积碎片化现象突出，林粮间作面积偏大，用于建设高标准粮田的耕地面积不足，高标准农田在设施配套等方面建设滞后。

（二）粮食生产效益偏低，种粮主体的积极性减弱

一是粮食总成本①持续递增，产值递减，收益②不断降低，种粮主体的现金收益受自治区托市收购价政策调整影响较大。二是小麦比较效益偏低，种粮主体的积极性受影响。2013～2019 年，南疆四地州小麦、玉米、棉花种植效益虽然都是持续降低，但棉花的现金收益高于小麦和玉米（现金收益与净利润相比，未考虑家庭用工折价和自营地折租成本，农民一般比较注重现金收益）。因南疆四地州农民对小麦的刚性需求，以及小麦种植管理技术水平要求不高，多数农民的小麦属于林下种植，短期内小麦种植与林果等主要经济作物耕地需求冲突不大，再加上自治区对小麦种植的政策保障，调研时发现，尽管小麦种植成本不断递增，收益逐年减少，但对一家一户分散经营的农民种粮积极性影响不大。对进行规模化种植、追求小麦种植效益的种粮大户等存在较大影响，从当前自治区推进农业适度规模经营的农业发展趋势来看，小麦规模化种植是未来小麦种植的主流方向，小麦收益及政策补贴收入将直接影响规模化经营主体的种粮积极性，如何保护小麦规模化种植主体的积极性是一个值得重视的问题。

---

① 总成本：生产过程中耗费的现金、实物、劳动力和土地等所有资源的成本。计算公式为：每亩总成本＝每亩生产成本＋每亩土地成本＝每亩物质与服务费用＋每亩人工成本＋每亩土地成本。

② 收益：产品产值减去为生产该产品而发生的全部现金和实物支出后的余额，反映了生产者实际得到的收入（包括现金收入和实物折算为现金的收入）。计算公式为：现金收益＝产值合计-现金成本。

（三）林粮间作面积较大，影响生产效益

南疆四地州小麦种植管理粗放，果粮间作模式普遍，这种模式对果粮产量和品质影响参差不齐，往往呈现"双输"局面。在果粮间作复合群体中，由于果树树冠较大，小麦受到果树遮阴，光照条件变劣，再加上果树根系发达，地下部分与小麦竞争水分和养分，随着南疆果树树龄的增长，果粮间作模式对小麦产量的影响也越来越大，南疆各地区果粮间作面积小麦单产水平低呈下降趋势。在调研时发现，喀什地区个别县市果粮间作模式下小麦每亩单产不足 200 千克；阿克苏地区果粮间作模式下小麦单产最少的为 100 多千克，多的约 300 千克，远远小于小麦正常产量，如何解决果粮间作矛盾是迫切需要解决的问题。

（四）粮食产业体系建设滞后，产业链条短，附加值低

一是分散经营制约粮食产业化发展。南疆四地州农民流转土地的意愿较低，土地规模化、集约化经营水平不高，粮食规模化种植效益还未显现。二是产业链条断裂，粮食产业与二、三产业融合机制还未形成。南疆粮食新型经营主体普遍规模小、发育不足，缺乏组织生产力和转化销售能力，无法带动种粮农民深度参与到利益链中。大部分粮食由农户售卖到国有粮食收储企业，国有粮食收储企业主要经营方式为原粮收购和售卖，缺少粮食产业延伸加工层次的设施条件和资金，南疆粮食加工大部分依靠中小民营加工企业，小麦仍以面粉等初加工产品为主，对于市场需求量较为迫切的高、低筋面粉等绿色产品生产、精深加工与副产品高值化利用几乎空白，粮食产品附加值和增值率低。三是品牌意识不强，市场辨识度低。以喀什地区为例，喀什地区有面粉加工企业 150 余家，而经营管理发展较好、拥有自主品牌的加工企业不足 10 家，缺乏在全疆、全国范围内具有市场竞争力的公共品牌，产品"走出南疆"存在较大困难。

（五）粮食产后管理服务体系建设水平不高，现代化管理水平需进一步加强

一是粮食质量检验监测能力较低。南疆四地州质检站实际检测能力较低，质检站仅能检测简单指标；已有的质检站多数由于检测专业人员不足、现有检测人员专业水平低等原因，不具备独立承担质量检测任务的能力；检测业务不足，各站难以运转，粮食质量安全检测能力较弱。二是粮库信息化建设覆盖面不足。南疆四地州实施智能化升级改造的库点，远远不能满足南疆四地州粮食智能化仓储需求。三是行业产后技术装备落后。调研中发现，基层企业仓储方面科学保粮技术装备应用水平低，粮食仓储专业化水平低，不同品种和等级的粮食混合存储，无法保证优质粮食品质，加大了粮食产后损耗。

三、优化提升粮食产业的相关思考

围绕进一步提高南疆四地州粮食安全保障水平，促进社会稳定和经济发展，需要加强南疆四地州小麦生产基地建设、加强粮食储备信息化建设、建立健全粮食产销合作机制、促进粮食产业一二三产业融合、提高粮食综合安全保障水平，进一步提升南疆四地州粮食安全保障能力。

（一）稳定南疆粮食生产面积

针对当前林粮间作生产矛盾和小麦生产效益低下的问题，在深化农业供给侧改革中，继续发挥和强化优质小麦生产区优势，让南疆四地州小麦生产向优势区域集中，并加强科技应用和推广，不断提高南疆小麦单产水平，在现在耕作面积或林地减粮生产情况下，保证粮食生产能力，提高粮食种植效益，增加农民种粮收益的同时也有利于进一步实现农业结构优化。因此，南疆四地州应稳妥推进土地经营权流转，通过发展粮食生产规模化经营，引导土地向种粮大户、家庭农场、农民专业合作社等新型经营主体集中，在南疆

四地州选择适合小麦优质高产的地区，建设成为优质小麦生产基地。

（二）稳步调减南疆果粮间作区麦田面积

调整优化农业产业结构，需稳步调减南疆果粮间作区麦田面积。小麦是南疆四地州的主要口粮，粮食安全应首先保障小麦生产安全。积极引导农民调整种植结构，根据南疆林粮间作面积、小麦生产与消费平衡情况，合理确定林下小麦逐年退出面积和区域。针对粮食种植收益下降问题，一方面，在调减林下小麦种植面积的同时，加强农业科技推广，积极开展优质小麦品种的选育、扩繁、推广工作，因地制宜选育推广优良品种和高产高效种植模式，提高小麦单产和品质；另一方面，根据粮食供需形势，适时出台生产者补贴区域差别化政策，调动种粮农民积极性。积极探索建立耕地轮作休耕制度，稳定小麦种植面积，确保粮食（小麦）生产能力可持续发展。

（三）建立粮食主产区利益补偿和粮食产销区合作机制

发挥粮食主产区优势，研究南疆四地州粮食主产区利益补偿机制，给予喀什地区、阿克苏地区等粮食主产区优惠政策，支持主产区扛稳粮食安全责任。鼓励克州、和田等粮食主要销区要与粮食主产区签订粮食购销长期战略协议，稳定粮食购销合作关系。鼓励销区企业在产区建立粮食生产基地、设立收购基地，与粮食加工企业合作，深度参与产区的粮食生产、仓储、物流与加工，加强产销衔接，确保产销两地粮食供需风险降到最低。支持南疆四地州加快粮食批发交易市场建设，推进粮食信息互联互通、信息共享。

（四）大力发展粮食产业，支撑南疆粮食安全战略

南疆四地州粮食加工企业存在多、小、散的问题，在产品质量上无法得到有效保障，无法充分发挥加工企业优势，提高地方经济水平和农民收入水平，种植化后的工业效益无法得到有效体现。因此在南疆四地州要增强国有企业主渠道的重要作用，积极培育大中型加工龙头企业，鼓励民间资金以及

先进技术以多种形式进入加工企业，发挥龙头企业的优势。发挥高品质粮食特点，利用品牌效应提高产品附加值。充分发挥"优粮优销"的示范带领作用，加快新疆好粮油品牌评选工作，积极组织疆内外企业互动和技术引进，鼓励南疆各地区建立公共品牌和特色品牌，在全疆公共品牌的带领下，利用南疆优质小麦优势实现产业向外的良性发展。

（五）促进粮食产业一二三产业融合

适当加大南疆四地州粮食产业发展投入力度，制定促进产业发展优惠政策，强化人才培养，推广先进技术，提高科技创新能力，促进南疆四地州粮油加工业快速发展。积极发展订单农业，通过履约收购、二次返利等多种途径，把种粮农民、合作社与粮食加工龙头企业的原料收购、加工、储存、销售等有机联结起来。强化质量意识，注重品牌效应，加大品牌培育和市场开拓力度。支持和鼓励粮油企业创建名牌产品和驰名、著名商标，扩大名优产品产量，提高市场占有率。将"放心粮油"示范工程作为粮食行业的重要民生工程，进一步扩大"放心粮油"覆盖面。加快推进主食产业化，增强市场保障能力。鼓励粮食企业延伸产业链，开发新型优质健康的主食产品，实现粮食种植和加工双促进。

第二节　调整优化棉花产业结构

新疆是全国最大的棉花生产区，棉花生产面积、单产和调出量已连续20多年位居全国首位。新疆有61个县（市）和110个团场种植棉花，南疆（包括巴音郭楞蒙古自治州）90%以上的县（市）种植棉花，棉花产业对于南疆四地州农民增收和社会稳定意义重大。但近年来，四地州棉花生产也面临成本逐年增加、产值下降等问题，对棉花生产存在问题进行分析研究，并提出相应对策建议意义重大。

一、棉花生产的现状

2014 年，新疆启动棉花目标价格改革试点工作，政府不再对市场进行直接干预，国内外棉花市场价差明显减小，国内纺织企业竞争环境改善，国内外皮棉期货现货价格同步波动，农民利益得到有效保障，农业种植结构进一步优化，各类市场主体的质量意识不断增强，市场机制作用得以发挥，市场竞争力逐步提升，棉花全产业链得以激活，新疆棉花产业战略地位凸显。2014~2019 年，全疆棉花种植面积在经过 2015~2017 年阶段性调减以后，棉花种植面积增长到 3810.75 万亩，较 2014 年增加了 178.75 万亩，增长 5%；长绒棉面积由 95 万亩增加到 228.32 万亩，较 2014 年增加了 133.32 万亩，增长 140%（见表 3-1）。

2019 年，四地州棉花种植面积占全疆棉花总面积的 36.48% 左右，其中喀什、阿克苏是四地州植棉主要区域，棉花种植面积占四地州的 98.15%。但随着种植结构改革，四地州面积经历了快速增长、逐渐减少、趋于稳定的过程。根据历年《新疆统计年鉴》显示，2014 年四地州植棉面积达到历史最高值 1663.70 万亩，随着自治区对棉花生产的政策性条件变化，四地州植棉面积呈下降趋势。到 2019 年，四地州植棉面积达到 1390.22 万亩，较 2014 年调减了 273.48 万亩，减少 16%；长绒棉种植面积由 92.45 万亩增加到 181.65 万亩，增加了 89.2 万亩，增长 96%。2010~2019 年南疆四地州各地州棉花面积如图 3-7 所示。

表 3-1　南疆四地州棉花、长绒棉种植面积与全疆种植面积对比

单位：万亩

年份	2010	2011	2012	2013	2014	2015	2016	2017	2018	2019
全疆棉花面积	2190.90	2457.09	2581.20	2577.39	3632.00	3409.67	3232.37	3326.21	3737.00	3810.75
四地州棉花面积	793.34	834.86	835.73	805.50	1663.70	1514.85	1385.93	1513.35	1369.35	1390.22
四地州占比（%）	36.21	33.98	32.38	31.25	45.81	44.43	42.88	45.50	36.64	36.48
全疆长绒棉面积	145.19	125.81	80.00	57.42	95.00	365.69	383.64	170.04	313.31	228.32
四地州长绒棉面积	102.50	105.78	65.97	51.78	92.45	199.13	232.20	169.38	122.15	181.65
四地州占比（%）	70.60	84.08	82.47	90.18	97.32	54.45	60.53	99.61	38.99	79.56

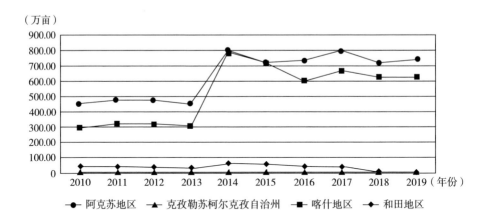

图 3-7　2010~2019 年南疆四地州各地州棉花面积

产量方面，南疆四地州棉区整体产量和单产水平有待提高。2019 年，全疆棉花产量 500.20 万吨，南疆四地州棉花产量 154.68 万吨，占全疆产量的 30.92%，面积占 36.48%，棉花的整体产量偏低（见表 3-2）。从单产来看，

2019 年，全疆棉花单产每亩 131.27 千克，四地州棉花单产均低于全疆水平
（见表 3-3）。2014~2019 年，棉花目标改革后，四地州中阿克苏地区棉花单
产水平最高，其次是克州、喀什地区、和田地区，阿克苏地区 2014 年亩平均
单产皮棉 106.93 千克，2019 年亩平均单产皮棉 117.47 千克，单产水平略有
提高，但近年来亩平均单产也仅维持在 115~125 千克，仍低于全疆水平，进
步缓慢；喀什地区相比较 2014 年的亩平均单产皮棉 119.13 千克，2019 年亩
平均单产皮棉 104 千克，单产水平持续降低，2014 年至 2019 年每亩平均单产
一直徘徊在 100~110 千克；克州和和田地区棉花种植面积和产量均保持较低
水平。

表 3-2　2010~2019 年南疆四地州与新疆棉花产量对比　　单位：万吨

年份	2010	2011	2012	2013	2014	2015	2016	2017	2018	2019
全疆棉花产量	247.90	289.77	353.95	351.80	451.00	429.80	420.00	456.60	511.09	500.20
四地州棉花产量	82.50	93.61	99.53	95.69	187.29	171.59	154.78	178.75	159.53	154.68
全疆长绒棉产量	13.03	12.16	5.95	5.35	8.24	40.45	40.85	17.39	38.88	25.46
四地州长绒棉产量	8.38	9.46	4.73	4.64	7.94	17.73	20.09	17.29	11.63	18.55

表 3-3　2010~2019 年南疆四地州及全疆棉花单产情况

单位：千克/亩

年份	2010	2011	2012	2013	2014	2015	2016	2017	2018	2019
总计	113.13	117.93	137.13	136.47	124.20	126.07	136.40	137.27	136.73	131.27
阿克苏地区	101.13	113.13	121.93	121.53	106.93	117.00	117.47	127.00	125.27	117.47
克州	99.47	101.53	102.33	105.00	108.33	111.13	109.93	112.80	111.60	118.20
喀什地区	105.93	109.73	115.13	114.93	119.13	110.87	105.67	108.87	106.87	104.00
和田地区	124.00	122.13	122.13	121.13	102.53	97.33	96.60	99.13	92.47	98.87

效益方面，自治区发改委对全疆 38 个棉花调查县（市）402 个调查户 2019 年的成本及收益情况进行了常规调查、分析、汇总，结果显示：2019 年全疆棉花生产呈产量减少、成本增加、出售价格降低、利润减少的特点。2019 年全疆棉花平均每亩单产较上年减少 2.08 千克，减幅 1.7%。生产成本较上年增加 26.9 元，增幅 1.49%，其中物质与服务费用较上年增加 29.8 元，增幅 3.02%；人工成本较上年减少 2.9 元，减幅 0.35%。每 50 千克平均出售价格较上年减少 139.96 元，减幅 19.13%。每亩净利润较上年减少 396.92 元，减幅 321.34%。同时，南疆四地州棉区机采棉比例低，也是生产成本较高的重要原因之一。2019 年，全疆地方棉花机收面积达 1150 万亩①，其中绝大部分面积是在北疆，南疆四地州棉区采取机械采收的面积较少。北疆主要棉区 90% 以上棉田实现机械采收，南疆地区棉花采收机械化率也在逐年增长，机采面积逐年提升，机采率达 30% 左右。其中喀什地区仍以人工采摘为主，基本上没有实现机械采收；阿克苏地区正在大力发展机械采收，推广机采棉种植模式已经超过 250 万亩，采收面积达 180 多万亩，但机采面积仍不足，仅占种植面积的 20% 左右。机械采收不仅可以节约人工，还可减少投入成本，全疆植棉成本在 1900~2300 元，而机械采收一项就能节约人工费用 400 元左右，大大地降低了人工成本。

规模化种植方面，喀什地区人均植棉面积不足 10 亩，以小农户耕作居多，土地流转缓慢，农业合作社数目相对较少且发展缓慢；阿克苏地区相对稍好，但合作社数量不足。

---

① 数据来源于自治区棉花工程中心。2019 年新疆棉花机采面积首次突破 1150 万元。

二、棉花产业存在的问题及原因分析

（一）棉花品质呈下降趋势

四地州棉花生产中棉花纤维长度、强度不能满足纺高支纱的市场需求，棉花品质呈下降趋势，影响了棉花的销售和价格提升，降低了市场竞争力。分析主要原因，一是农民种植棉花的积极性不高，南疆四地州作为新疆传统的植棉大区，近年来由于农业产业结构调整，一些地区对棉花生产重视程度下降，棉农植棉积极性下降。二是棉花基本生产能力相对落后，农业基础设施欠账多，维护更新缓慢，农田工程建设标准低、配套不完善、工程设施老化，农田节水灌溉及灌排基础设施较落后，中低产田较多。三是生产品种选择上重产量轻品质，在种植上注重产量提高，忽视品质指标，在采摘上粗放，采后随意堆放，造成棉花含杂多、"三丝"①多。

（二）棉花生产区域布局不够明确，无法充分发挥区域特色，品种多、乱、杂问题依然严重，甚至多品种混种

2017年，自治区棉花专家抽查组曾对全疆14个主要种棉县市进行实地调查，首先，发现全疆共有棉花品种500多个，种植面积上万亩的品种就达到40余个，种植品种多，却缺乏主栽和主导品种，南疆四地州生产单位以户为主，更为严重，造成棉花品质上的一致性差。其次，南疆区域内布局棉花类型单一，可纺性差，不能满足多品种类型的市场需求。再次，耕地整体规划度差，土地流转、机械化实施困难，棉花产业技术和发展模式没有革新。分析主要原因，一是棉花种子审定、生产、销售缺乏系统有效的管理和监督，造成品种泛滥，区域主栽品种选择与后备品种没有规划与方案。二是缺乏市

---

①　"三丝"指混入棉花中的异性纤维，主要包括化学纤维、丝、麻、毛发、塑料绳等非棉性纤维。

场规划，无法实现优质优价。品种选育上，多迎合生产需求，缺乏储备与长远规划，缺少品质好、宜机采、抗病抗逆性强的多类型品种。三是一户多田块、耕地碎片化，田间道路不配套，难以满足大型专业化农业机械作业的需要，难以形成规模化集约化生产。

（三）棉花生产管理不规范

四地州棉花种植仍以传统模式为主，形式单一，管理粗放，缺少标准化、专业化、智能化的管理方法与技术；精量播种、膜下滴灌、机艺融合、绿色防控等关键生产技术得不到有效运用和集成，缺乏进行技术系统化匹配和应用的能力；另外，棉花加工、清花等后续生产能力低，棉花信息服务体系落后。分析主要原因：一是南疆区域棉农文化水平低，传统管理经验不足，又缺乏参与新的管理方式的积极性。棉花生产组织形式单一，以传统散户模式为主，土地整合率低，管理效率低。二是技术引进缺乏系统化、规模化和有效对接，技术应用效果不好，接受度差。三是棉花加工企业后续投入少，信息服务体系发展缓慢，培育龙头企业和合作社等新型经营主体能力不足和管理不善。据自治区农经局统计，2016 年喀什地区注册登记的农民专业合作社 2779 个，明显少于北疆塔城地区，且其中存在大批僵尸合作社，实际运转正常的不足 10%，出现不少套取政府补助资金的"空壳"合作社。

（四）气候多变，农业生态环境有所恶化

近几年，南疆四地州有些区域气候多变，春季低温、风灾频发，夏季易高温，秋季降温快，加大了农业生产的不确定性，另外，果树病虫害频发，加大了农药使用量，也增加了棉田用药量，生物综合防治不到位，水肥一体化技术普及率不高，长期连作等破坏土壤环境，加重了土壤病虫害，这些都会影响农业生态环境。

三、优化提升棉花产业结构的相关思考

（一）调整棉花生产布局

根据不同区域气候特征（积温、海拔、无霜期等）以及棉花品质基本情况，充分发挥区域特色，调整布局，稳定棉花种植面积，划分品质区域，形成长绒棉、中长绒棉、细绒棉、短绒棉合理的区域优化布局，建立不同类型市场发展需求的生产基地。在喀什地区强化"一县一种"，充分发挥政府的主导作用，引进先进的种植技术，统一技术规范，扶持引导划区域规模化，逐步实现从种到收的全统一。便于集中的土地采取集中种植、分散管理的方式，进行集中机械化耕作、播种，实现品种规范；分散土地采用集中统一管理的方式，统一操作，规范品种，最终主推1~2个品种，实现"一县一种"。阿克苏地区是全国仅有的长绒棉生产地区，应加强长绒棉区域保护，建立稳定的长绒棉生产基地，同时优化细绒棉品种布局，减少品种数量，提高棉花纤维一致性，建立高品质棉生产基地。推进集棉花生产、加工、纺织、科研为一体的棉花产业链融合发展，促进棉花产业整体转型升级。

（二）提升棉花生产能力

持续加大南疆四地州棉花生产支持力度和政策性扶持。加强棉花基础生产能力建设，加强南疆棉区高标准节水灌溉农田建设，提高节水灌溉、水肥协同管理、全程机械化等棉花生产综合技术水平，完善中低产田改造，挖掘南疆四地州棉花整体产量提升潜力。加强机采棉收获、运输、清花等配套设施条件建设。强化棉花高品质生产能力，在种植模式、管理等环节加大保优栽培技术应用，通过化学调控、微肥调节等技术措施提高棉花品质，机采要落实采净率、采收率，确保机采棉质量，做好"三丝"管控，加强清花、除杂等后续加工工序优化，减少品质损失；加大长绒棉、中长绒棉、细绒棉、

短绒棉类型高品质新品种选育，鼓励分区域种植和订单生产，落实优质优价；加强优质棉生产标准研发，逐步形成一套可推广应用的高品质生产技术体系，全面提升棉花生产品质。

（三）提高棉花管理与经营水平

引导南疆四地州棉花规模化种植，强化商品意识和市场观念，提高土地规模化、集约化、规范化程度，提高棉花生产经营管理水平，提高土地和劳动生产率。扶持土地股份合作社、农机合作社、原棉加工合作社等多种形式的棉花生产合作社，并以此为基础推进合作联社建设，实现棉花规模化、集约化、组织化、规范化、标准化生产，提升市场竞争力。加大管理模式推广，单靠农户个体管理模式很难提高植棉效益，构建新型生产管理模式，带动区域发展，更好地提升植棉效益。加强科技带动，以科技带动植棉生产，积极优化中低产田水肥协同调控模式、农机农艺融合模式等生产技术模式，提高区域整体植棉水平。

第三节　调整优化林果业产业结构

新疆特色林果业经过十余年的快速发展，取得了巨大成就，林果优势产业带布局形成，生产能力稳步提升，成为新疆农业农村经济发展的支柱产业、农民持续增收的主要来源和干旱区生态环境建设的重要支撑，特别是南疆四地州林果业成为南疆经济发展的支柱产业。

一、林果业发展现状

作为南疆四地州的支柱产业，南疆林果业发展呈现出林果种类相对集中，林果生产规模和产量持续扩大，区域生产特征明显，产业地位逐步上升的突出特点。

（一）林果栽培面积情况

水果方面，南疆四地州林果栽培主要以苹果、梨、葡萄、桃、杏、红枣等水果为主，坚果以核桃为主，栽培面积前三位的水果分别为红枣、杏和苹果，种类较为集中。2010~2019 年，水果调整方向为红枣栽培面积先增后减，2016 年栽培面积达到最高，杏栽培面积不断调减，苹果面积不断调增，梨、葡萄、桃基本保持稳定。水果栽培面积由 2010 年的 844.18 万亩增加到 2019 年的 1473.68 万亩，增长了 74.57%，占全疆水果栽培面积的 62.25%。其中，红枣栽培面积由 2010 年的 376.74 万亩增加到 2019 年的 427.64 万亩，栽培面积增长了 13.51%；杏栽培面积由 2010 年的 234.19 万亩逐步调减到 113.01 万亩，栽培面积调减了 51.74%；苹果栽培面积由 2010 年的 27.02 万亩增加到 2019 年的 47.64 万亩，栽培面积增长了 76.31%。

坚果方面，2019 年，坚果种植面积 684 万亩，占全疆的 88.95%，品种有核桃、阿月浑子、巴旦木等，其中，核桃占四地州全部坚果种植面积的 94.76%。2015~2019 年，坚果栽培面积由 2015 年的 621.85 万亩增长到 2019 年 684.02 万亩，增长了 10%；核桃栽培面积由 2015 年的 499.52 万亩增长到 2019 年的 565.43 万亩，增长了 13.19%。2010~2019 年南疆四地州水果、坚果栽培面积变化如表 3-4 所示。

表 3-4 2010~2019 年南疆四地州水果、坚果栽培面积变化

单位：万亩

年份	水果							坚果	
	合计	苹果	梨	葡萄	桃	杏	红枣	合计	核桃
2010	844.18	27.02	22.77	43.75	13.20	234.19	376.74		

年份	水果							坚果	
	合计	苹果	梨	葡萄	桃	杏	红枣	合计	核桃
2011	828.37	29.15	22.95	46.13	11.63	229.88	446.07		
2012	837.42	29.03	22.59	45.79	11.15	223.52	459.82		
2013	756.24	29.24	23.16	44.10	8.92	151.45	466.40		
2014	737.26	31.19	20.04	41.19	8.43	150.85	455.91		
2015	750.19	35.34	19.46	41.37	9.34	147.57	466.75	621.85	499.52
2016	759.66	36.08	19.63	41.01	9.57	141.72	478.49	648.23	518.12
2017	698.81	42.03	18.95	38.31	11.40	114.30	441.00	669.64	551.45
2018	698.81	42.03	18.95	38.31	11.40	114.30	441.00	669.64	551.45
2019	1473.68	47.64	19.26	40.48	12.22	113.01	427.64	684.02	565.43

（二）主要林果产量情况

2019 年，水果产量达到 793.03 万亩，占全疆水果总量的 45.86%。红枣产量 150.32 万吨，产量占全疆的 10.08%；杏树产量 68.68 万吨，占全疆的 74.77%；苹果产量 85.34 万吨，葡萄产量 64.70 万吨。坚果产量达到 113.89 万吨，占全疆的 92.09%，其中，核桃产量达到 100.48 万吨。

2010~2019 年，水果产量由 275.28 万吨增长到 793.09 万吨，增长了 188%。其中，杏产量由 116.70 万吨减少到 68.68 万吨，减少了 41.15%；红枣产量由 31.94 万吨增长到 150.32 万吨，增长了 370.63%；苹果产量由 32.22 万吨增长到 85.34 万吨，增长了 164.9%；桃产量由 4.14 万吨增长到 15.57 万吨，增长了 276.09%；梨产量由 26.24 万吨增长到 44.10 万吨，增长了 68.06%；葡萄产量由 45.24 万吨增长到 64.70 万吨，增长了 43.02%。

2015~2019 年，坚果产量由 67.34 万吨增长到 113.89 万吨，增长了 69.13%，其中核桃产量由 57.95 万吨增长到 100.48 万吨，增长了 73.39%。2010~2019 年南疆四地州水果、坚果产量变化如表 3-5 所示。

表 3-5　2010~2019 年南疆四地州水果、坚果产量变化　单位：万吨

年份	水果							坚果	
	合计	苹果	梨	葡萄	桃	杏	红枣	合计	核桃
2010	275.28	32.22	26.24	45.24	4.14	116.70	31.94		
2011	323.48	34.37	27.41	44.65	4.69	144.72	53.23		
2012	361.20	37.16	30.51	46.81	4.70	154.55	71.16		
2013	356.11	48.74	30.11	46.10	6.66	120.58	92.18		
2014	372.31	53.57	32.42	49.62	7.09	110.81	10.99		
2015	389.35	54.14	34.40	54.87	7.02	106.78	122.74	67.34	57.95
2016	412.27	68.31	36.51	49.59	7.87	102.04	137.41	80.52	68.88
2017	408.79	75.08	39.24	54.62	7.57	77.93	144.09	94.51	80.46
2018*	408.79	75.08	39.24	54.62	7.57	77.93	144.09	94.51	80.46
2019	793.09	85.34	44.10	64.70	15.57	68.68	150.32	113.89	100.48

注：当年年鉴中未作统计，视作同 2017 年数据。

从综合面积和产量数据可以看出，红枣、核桃在面积和产量方面都占比突出，成为特色林果的大宗和主流产品。

二、林果业生产存在的主要问题

（一）林果栽培管理整体仍然较为粗放

栽培管理技术不到位，比较效益不高。南疆四地州特色林果面积的快速增长带来的重栽轻管的现象比较普遍，许多果园基本不进行整形修剪，水肥管理、病害防治不到位，科技在栽培管理中的作用不明显。不合理使用化肥、植物生长调节剂、农残超标、单纯追求产量导致品质下降严重。同时过度密植，大肥大水，用水用肥浪费又造成成本增加，效益降低。缺乏适应市场的新品种，品种选育普及较慢。品种是特色果树产业发展的基础，也是实施标准化、规范化管理的基础。栽培面积较大的树种都存在品种问题，比如红枣的主栽品种单一，缺乏多元化，核桃缺乏仁用、油用等加工专用品种，葡萄

缺乏优质耐贮运新品种，杏子缺乏制干、制汁等专用品种。栽培密度大，标准化建设程度低，特别是红枣、核桃等树种，密植带来的问题尤为突出，随着树龄增大，管理难度和成本越来越大，品质下降严重。如何通过技术引导南疆四地州数百万亩的红枣、核桃进行疏密改造，逐步向着标准化、轻简化、机械化栽培方向发展是当前栽培方面亟待解决的问题。果农间作矛盾日益突出。南疆四地州大部分林果主产区都采取了林果与农作物间作的种植模式。但随着果树树龄增大，不同作物的栽培管理和技术需求不同，果粮间作矛盾日益突出。果树树冠遮光导致农作物减产、品质下降，存在粮食安全隐患。果树与农作物之间水、肥、药冲突明显，养分竞争激烈，病虫害交叉传染加剧，农机作业冲突尤为严重。亟须探索和推进南疆四地州果粮间作模式改革。

（二）产后贮藏保鲜与加工转化能力整体较弱

南疆四地州果品贮藏保鲜基础设施建设滞后，大多数企业都存在生产规模偏小、加工技术落后、生产周期短等问题，现有林果企业加工水平大多数仅停留在简单的仓储、清洗、分级、包装等方面，精深加工龙头企业少，有品牌、有市场开拓和研发能力的龙头加工企业少，新技术、新工艺研发应用落后，产业链短、产品档次和附加值不高。以核桃为例，南疆核桃不同品种的采收、脱青皮、晾晒干燥、分级、贮藏等方面没有统一标准，初级产品品质和商品率不高、品种混杂、质量不一致，亟须开展标准化流程工艺研发、优化和推广，使流通进入市场的核桃品质有所保证。

（三）产品销售缺乏竞争力

林果专业合作社是直接与农民和种植户对接的实体，有利于新品种、新技术的推广和应用，提高标准化种植程度，有利于提高种植户对市场风险的应对能力，提高产品竞争力。南疆四地州农民合作社存在基础条件差、流动资金少、覆盖范围小、管理运作效率低、竞争能力弱等问题，合作社对果农

的带动能力弱,与市场的有效衔接机制不完善,难以发挥有效作用。在市场
开拓方面,对特色林果栽培面积和产量的关注度整体大于品牌和品质,已有
品牌存在多、杂、乱的现象,绿色、有机和地理标志产品数量不足,优质品
牌潜力挖掘、策划和宣传力度不够,以红枣为例,南疆特色林果产品品牌中
红枣品牌数量众多,但是知名品牌却寥寥无几,在红枣品牌中,为人所熟知
的品牌只有和田玉枣。此外,在产品营销方面,销售渠道单一,政策支持和
宣传推介力度不够,市场挖掘深度不足。

三、优化提升林果产业结构的相关思考

(一)推动特色林果产品向优势区域集中

按照"稳粮、优棉、促畜、强果、兴特色"发展思路和特色林果产业带
分布现状,进一步优化和调整南疆优势特色林果区域布局。对非适宜的区域、
非优势的林果树种以及放任管理的果园,要逐步减少和退出;发挥比较优势,
使林果树种向优势区集中布局,突出地域特色,积极培育新型果树树种(品
种),实行特色林果差异化分类经营。并在优化布局林果种植的同时,配套布
局林果产后加工业园区,形成种植与加工、科研与产业、企业与农户相衔接配
套的上下游产业格局,突出绿色农产品加工,促进农产品加工转化和增值增效。

(二)调整优化树种品种结构,推进果粮间作种植模式改革

瞄准国内外市场,加大新品种、新技术引进力度,加快品种更新换代,
优化树种品种结构,满足市场优质多样化需求。按照绿色高质和产业化发展
要求,加大专用品种引进和选育力度,为加工企业提供不同成熟期、不同加
工用途的优质原料。有计划地逐步淘汰市场需求量少、品质差、效益低、加
工产业化程度不高的传统品种。根据市场消费和加工转化需求,协调发展制
干、鲜食与精深加工品种,建成区划科学、布局合理、结构优化、优势集中

的特色林果种质资源支撑体系。试点推进果粮间作种植模式改革，针对南疆四地州大面积的粮棉间作果园，推动果粮间作模式改革。建立果园行间农作物退出机制，研究制定退出标准，不适宜间作的应及时退出，以优化种植模式，实现优质、高效、安全、标准化生产。

（三）大力推进标准化、集约化栽培管理技术

按照现代林果产业发展方向和种植集约化、生产规范化、经营产业化、产品标准化的要求，建立健全新疆主要林果标准化生产技术体系、产品标准体系、质量监督体系和灾害防控体系，并在生产过程中对其栽培环境、栽培技术、病虫防治以及采后贮运加工等各环节进行全程控制。加强林果灾害综合防控体系建设，提高抵御风险能力。高度重视以防治有害生物、防范低温冻害等为主的特色林果灾害综合防控体系建设。通过建设和完善标准化、集约化的现代林果管理技术体系，促进林果业生产基地上水平，逐步培育形成高水平的专业化、标准化、规模化生产基地。

（四）重视特色林果种质资源的创新利用与新品种选育

南疆四地州特色林果育种和优质高效科技创新基础研究滞后，难以从根本上解决林果产业提质增效和转型升级的瓶颈问题，必须加强南疆四地州果树育种和科技创新的基础研究，以支撑产业持续健康发展。加大特色林果育种和科技创新的基础研究投入，设立专项资金，长期稳定支持。发挥科研院所和高等院校的优势，创新育种材料，改善育种研究手段，结合现代生物学技术开展种质资源评价与利用，培育丰产、优质和多抗的专用新品种，对南疆四地州特色林果产业发挥长期稳定的品种资源提供支撑。

（五）加快提升林果产品加工水平

提升南疆四地州村、镇农产品产地初加工水平，加大农产品产地采收、分选、预冷、包装的机械化、连续化技术应用。重点开展产地果蔬新型保鲜

剂与适用技术、保质减损功能性包装材料与包装技术以及物流保鲜相应配套设施的研发。鼓励农产品加工企业围绕市场和消费升级需求，开展自主技术研发，促进农产品就地加工转化，支持生产高技术含量、高附加值的精深加工产业。实施林果产品产地初加工补助政策，鼓励新型经营主体发展林果产品加工流通，支持新型农业经营主体建设产地贮藏、保鲜、烘干、分选等初加工设施，开发和推广一批新型林果产品初加工适用技术和设施装备。鼓励加工企业与科研院所合作设立林果加工研发机构。扶持农民合作社、农民创业致富带头人、种养大户、家庭农场完善初加工设施，发展"农户+合作社+企业"模式。加强从事林果产品加工新型农业经营主体的规范化建设，创建一批国家级、自治区级农产品加工示范合作社。

（六）加强林果产品流通，打造全产业链

鼓励林果精深加工龙头企业引进国内外先进工艺技术和生产加工设备，加快对现有设备设施的技术改造升级，发展农产品精深加工，不断延长产业链条，提升企业竞争力。加强林果产品产地批发市场建设，统筹建设及利用现有乡镇供销超市综合服务中心，促进生产、供销、信用"三位一体"综合合作。引导林果产品加工企业向前端延伸，带动农户建设高标准原料生产基地，向后端延伸建设物流营销和服务网络，确保优质加工资源有效供给。

第四节　调整优化畜牧业产业结构

近年来，南疆四地州不断优化畜牧业产业结构、畜牧业综合生产能力的提升。但是，南疆四地州畜牧业发展过程中也存在养殖生产方式落后、生产水平低下、优良品种缺乏、品种改良进度较慢、饲草料短缺、饲草加工利用率不足、畜产品质量不高、养殖效益较差等问题，影响着南疆四地州畜牧业的可持续发展，地州畜牧业亟待优化提升。

一、畜牧业发展现状

（一）畜牧业综合生产情况

南疆四地州畜牧业均属于典型的农区畜牧业，生产方式以农户散养为主，养殖主导品种是肉羊。畜产品供给能力不断增强，牧区牲畜基本饱和或已超载，农区肉羊繁育、育肥还有一定的发展空间。截至 2019 年底，南疆四地州牲畜总存栏 1890.12 万头（只），占全疆总存栏的 37.13%，同比上年下降 15.18%。牛 142.77 万头，占全疆的 29.78%，同比上年下降 28.62%；山羊 212.28 万头，占全疆的 42.43%，同比上年下降 14.21%；绵羊 1376.46 万头，占全疆的 42.03%，同比上年下降 17.43%。其中，喀什地区 2019 年底牲畜年底总头数的数量在南疆四地州中最多，主要养殖的是绵羊，品种主要有多浪羊、塔什库尔干羊、叶城羊、巴尔楚克羊等。2019 年底，喀什地区绵羊养殖数量为 668.90 万头，占南疆地区牲畜年底总头数的 37.55%；而克州 2019 年底牲畜年底总量在南疆四地州中最少，为 176.95 万头，占南疆地区牲畜年底总头数的 9.93%。

（二）畜产品产量情况

2019 年南疆地区肉类总产量同比上年有所下降。2019 年肉类总产量为 14.90 万吨，占全疆的 8.7%，同比上年下降 54.59%，下降幅度较大。2019 年南疆地区牛肉总产量为 12.42 万吨，占全疆的 27.89%，同比上年下降 34.38%；山羊肉 2.57 万吨，占全疆的 31.35%，同比上年下降 16.61%；绵羊肉 18.79 万吨，占全疆的 37.54%，同比上年下降 46.03%，是主要肉类产量中下降最多的品种（见表 3-6）。

表 3-6 2019 年南疆四地州畜牧业发展现状

	新疆	南疆四地州	占比（%）	同比增长（%）	阿克苏	克州	喀什	和田
牲畜年底总头数（万头）	5090.37	1890.12	37.13	−15.18	537.56	176.95	668.90	398
牛（万头）	479.40	142.77	29.78	−29.79	32.20	16.08	54.90	14.77
山羊（万头）	500.27	212.28	42.43	−14.21	114.99	32.88	39.84	24.57
绵羊（万头）	3275.25	1376.46	42.03	−17.43	367.52	122.60	543.35	342.99
肉类总产量（吨）	149007	418439	25.70	−54.59	130118	36701	181671	69949
牛肉（吨）	445200	124196	27.89	−34.38	34226	14278	55622	14719
山羊肉（吨）	82000	25710	31.35	−16.61	16433	2588	4455	2234
绵羊肉（吨）	500400	187868	37.54	−46.03	47512	16124	83657	40575

资料来源：2020 年《新疆统计年鉴》。

（三）畜禽品种及布局情况

随着畜牧业的较快发展，南疆四地州逐步形成了以肉羊、肉牛、驴等特色养殖等主导产业为支撑的畜牧养殖结构。南疆四地州主要畜禽种类为牛、羊、驴、鸡、鸽子，牛的主要育成品种有哈萨克牛、蒙古牛等，羊的主要育成品种有和田羊、多浪羊、塔什库尔干羊、策勒黑羊、叶城羊、柯尔克孜羊等，驴的主要育成品种有和田青驴等，禽类主要育成品种有拜城油鸡、和田黑鸡，以及塔里木鸽等。

（四）生产方式转变情况

一是畜牧业逐步由以家庭分散式养殖向标准化、规模化转变，畜禽标准化规模养殖水平有所提高。在牧区通过发展养殖合作社、联户经营、牲畜托管等方式，积极发展家庭牧场；在农区通过政府资金引导龙头企业、社会资本参与规模化养殖场建设，落实国家标准化肉羊、奶牛、肉牛标准化养殖小区建设资金，推动肉羊、奶牛、肉牛标准化养殖小区和养殖基地建设。二是逐步由牧区天然草原放牧向农区舍饲圈养和牧区天然草原放牧相结合的方式转变，积极鼓励在农区发展舍饲圈养，积极引导牧区牛羊养殖向农区转移，逐步实现了由牧区天然草原放牧向农区舍饲圈养和牧区天然草原放牧相结合的养殖方式，推进草原保护与畜牧业发展"双赢"，维护生态平衡，牧区牲畜数量逐年递减，农区舍饲育肥牲畜数量逐步增加。三是不断完善良种体系。种业是现代畜牧业发展的基础，畜禽良种也是提高畜牧业生产水平的一个关键因素，遗传改良是提高畜牧产业竞争力的重要抓手。推进南疆四地州禽种业提质增效、完善畜禽良种繁育体系，是增强畜牧业综合生产能力和促进畜牧业持续健康发展的基础。

（五）人工饲草供应对畜牧业的支撑情况

为缓解天然草场饲草供应不足的矛盾，新疆围绕"调结构、转方式"，通过人工草料种植、大力推进饲料工业发展、实施"粮改饲"工程等措施，逐步提高饲料供应能力。南疆四地州大力推进"粮改饲"工程，积极利用中央财政农业生产发展畜牧业项目资金开展"粮改饲"试点。全面推进饲料工业发展，以"提高门槛、减少数量、转变方式、增加效益，加强监管、保证安全"为核心和重点，加强饲料行业管理。积极开展饲料质量安全管理规范示范企业创建，部分饲料生产企业通过农业农村部验收，饲草加工能力有所提高。2020年《新疆统计年鉴》数据显示，截至2019年，四地州苜蓿种植面积约87万亩，其中，阿克苏地区11.60万亩，克州10.68万亩，喀什地区38.04万亩，和田地区26.76万亩。作为畜牧业发展的动力和基础，饲料工业企业不断扩大，喀什天康饲料科技有限公司、正大阿克苏饲料有限公司等饲料加工企业不断发展壮大。

（六）畜牧业产业化经营情况

随着国家产业政策对新疆的倾斜，跨行业、跨领域、跨区域的国有企业、民营企业和社会经济组织逐步涉足畜牧养殖和畜产品加工行业，一批具有资本优势、技术优势、人才优势和先进生产设备的龙头企业陆续在南疆四地州各地县、市生根。畜产品加工企业不断增加，养殖大户和养殖专业合作社组织发展迅速。特色优质畜产品品牌建设不断加强，于田麻鸭肉、民丰黑羊肉等畜产品获得国家地理标志保护。

二、畜牧业存在的主要问题

经过多年的发展，南疆四地州畜牧业虽然在很多方面取得了较大进展和突破，但总体发展水平还较低，基础还相对薄弱，畜牧业结构、产品市场认可度、配套设施和配套服务等方面的问题仍然突出，成为生态优先、绿色发展为导向的现代畜牧业发展的瓶颈和制约。

（一）畜牧业生产水平、产出效益还有待提高

近年来，随着人民群众生活水平提高和新疆旅游业的快速发展，以牛羊肉为主的畜产品消费需求快速增长，南疆四地州牛羊肉产量、产值还需要进一步提高，一是由于南疆四地州畜牧业生产方式在很大程度上仍以农牧户散养为主、规模化养殖水平相对偏低、平均个体单产水平不高等因素，南疆四地州牛羊肉仍然出现供给偏紧现象，牛羊肉的综合生产能力还需要进一步提高。二是牧民观念落后，先进技术在牧区落地实施难。南疆四地州畜牧业发展地区的牧民缺乏现代化畜牧业经营理念，先进科学技术在牧区推广和实施过程难以发挥作用，制约了现代畜牧业的发展，阻碍了畜牧业生产水平的大幅提高。三是受生产模式、经营管理、科技应用、机械化推广等生产条件制约，南疆四地州畜禽养殖投入产出率低，生猪、家禽、牛奶、舍饲牛羊生产

盈亏平衡点高于全国平均水平，在近年国内畜产品价格普遍下挫影响下，南疆四地州规模养殖企业特别是肉羊养殖企业经营困难，影响到农牧户发展畜牧养殖业的积极性。

（二）畜牧产业化程度不高，科技体系支撑能力不强

畜牧业产业化进程缓慢，生产管理模式及观念落后，"龙头企业+养殖合作社+养殖大户"生产经营模式发展缓慢，生产的市场化主体培育和产业链尚未形成。组织化程度不高，畜牧业生产缺乏有效的组织，养殖专业合作社和养殖大户数量少、规模小，缺乏龙头企业带动，单个牧民户参与市场竞争的能力弱，产业化经营链不完善，牧民承受着市场和自然双重压力，难以得到牧业发展带来的更多收益。畜产品加工主要涉及牛羊肉加工、乳制品及毛绒加工，在畜牧业中占主导地位的肉牛肉羊产业，产业链不完整，畜产品精深加工相对滞后。主要原因是牛羊肉加工企业数量较多，但普遍规模较小、实力不强，虽然牛羊肉类加工业发展较快，但没有形成强势产业，反而造成原料紧缺产能过剩。牛羊肉加工业链条短，现阶段南疆四地州畜牧业低端产品和中间产品多，多数只停留在简单的初级加工阶段，牛羊肉以活体或胴体销售，高端产品和终端产品少，科技含量少、附加值低，资源优势难以体现，满足差异化、个性化消费能力低。根据新疆畜牧兽医局研究，草原畜牧业在产业环节利润分配方面，加工、批发、零售环节利润空间大、相对稳定，养殖环节利润空间小、不稳定。南疆四地州畜产品市场参与程度低，产品结构和质量与国内外旺盛的市场需求存在较大差距，参与国内外畜产品市场竞争能力不强，产品疆外市场开拓能力不足，对产业拉动力不强。由于南疆四地州远离内地市场，牛羊肉通过冷链物流运往内地后，外销运输成本过高，牛羊肉在内地市场的销售价格优势不够明显。畜牧业科研投入有限，南疆四地州缺乏高新技术成果示范与转化平台，产学研联动机制不健全，基层畜牧科

技服务人员力量、精力不足，绝大部分规模养殖场业主和农牧户对畜牧业技术掌握不够、应用意识不强，牲畜规模养殖场技术管理人才短缺，导致畜牧养殖过程中存在畜牧技术指导不到位现象。

（三）草场承载能力有限，饲草料不足问题凸显

随着生态退化日趋严重、南疆四地州深入贯彻落实草原禁牧、轮牧等政策措施，天然草原载畜量大幅减少，草原牧区畜牧业发展空间进一步压缩，农区转移承接草原牧区产能的人工饲草料保障体系压力骤增。尽管南疆四地州采取多种措施积极发展人工饲草料地，但由于种植业结构限制、水资源限制，以及政策措施向粮食、棉花倾斜，牧草种植政策性补助投入不足等多种因素，人工饲草料地保留面积仍不能满足冷季舍饲的要求，特别是苜蓿等优质人工草料规模基地建设滞后，直接影响到草原畜牧业生产方式的转变，成为限制农区畜牧业发展的重大瓶颈，草、畜平衡发展问题依然突出。

新疆牧民定居工程的实施，使北疆多数地区已按照牧户数量足额配备了饲草料地，北疆饲草料可以满足自身现有养殖规模需求且略有盈余，南疆四地州资源有限，饲草料种植面积偏小，特别是优质人工草料规模基地建设滞后，优质饲草料比例小，结构不合理，比如苜蓿主要在田间地头、林带间，没有大面积的饲草料生产基地，还不能保证牧户都能足额配备饲草料地，饲草料短缺现象仍然突出，肉牛肉羊的养殖大部分还是依赖天然草原放牧和农作物秸秆。南疆四地州饲草加工机械缺少，饲草加工利用率低，饲草科学利用水平不高。草业发展组织化规模化程度低，当前南疆四地州肉牛肉羊的养殖大部分还是依赖天然草原放牧和农作物秸秆，农作物秸秆主要经简单粉碎饲喂，且秸秆转化率低、资源浪费严重，饲草不足问题亟待解决。

（四）支持畜牧业发展的政策有待进一步健全完善

种草比较效益相对偏低，与棉花、粮食和其他经济作物相比，国家尚未

出台种草补贴和促进草产业发展的相关政策，难以有效调动企业、合作社以及种养大户发展饲草料生产的积极性。金融支持畜牧业发展的政策不足，畜牧业贷款可抵押物范围和信贷规模小、期限短、利率高，信贷产品种类少，特别是对大型企业集团发展畜牧业的信贷支持和调动社会参与发展畜牧业的积极性不足，难以满足畜牧业生产快速发展的融资需求。国家现行的畜牧业政策性保险仅涉及能繁母猪、奶牛且保费偏低，肉羊、肉牛等畜种尚未纳入国家农业政策性保险保费补贴范围。

（五）良种繁育体系建设滞后，自给供种能力严重不足

南疆四地州畜禽良种繁育体系建设相对滞后，首先在种畜供种方面，缺乏种畜禽场，自给供种能力严重不足，同时外地引种也加大了疫病风险。其次，由于农区肉羊、多胎羊、驴、奶牛等生产技术落后，比较效益下降，良种化程度低，整体影响了农区畜禽产业的发展。再次，对地方畜禽品种的选育、优良品种改良的重视和投入不足，导致区域主导畜禽品种不突出、种源产需匹配度差、繁育体系层级不明晰、基层良种生产意识低，生产性能不能随着经济的发展和饲养方式的转变而提升。对新的养殖模式、饲养方式，特别是舍饲和半舍饲条件下，高成本饲养需要高产出品种认识不足，重视不够。

（六）动物疫病防控与畜产品质量监管难度较大

部分地方政府对动物防疫工作认识不到位、重视不够，部分乡镇政府落实动物防疫工作责任制和责任追究制不到位，导致基层防疫工作力量和力度有所下降，基层动物防疫社会化服务体系建设亟待加强。南疆四地州局部区域牛羊肉生产自给能力不足，从内地引进大量活畜的局面短期内难以缓解，活畜调运流通引发和传播疫情的风险较大，监管难度较大。

三、优化提升畜牧产业结构的相关思考

围绕传统畜牧业改造提升和现代畜牧业开拓创新大方向，全面加强畜牧

产业结构布局、生态保护、良种繁育、动物防疫、饲草料基地、产业化发展推进力度，着力构建现代畜牧业产业体系，不断提升产业发展整体水平和综合效益。

（一）优化畜牧产业结构布局

准确把握畜牧业供给侧结构性改革的重点领域，积极调整生产区域布局，综合考虑自然资源禀赋、生态容量、环境承载力等因素，合理确定南疆各地州载畜量，推动资源保护与开发利用相协调。积极调整畜禽品种区域布局，明确畜禽品种优势发展区域、发展定位和生产方向，发挥畜禽品种大区域布局的板块效应，推进优质畜禽产品空间集聚与产业升级相协调。积极调整畜禽品质结构，依托天然草原发展中高端畜产品，依托农区标准化规模养殖保证大众化畜产品供应，推动不同产品档次和多样化需求相协调。积极构建"养殖合作社+养殖大户"的肉羊肉牛产业发展模式，改革饲养方式，鼓励散户纳入合作社，形成利益共享、风险共担，助推肉羊肉牛产业发展。

（二）转变畜牧业发展方式

南疆四地州因饲草资源短缺、现代化畜牧业发展水平低于北疆，可重点发展肉牛自繁自育，肉羊适度规模化养殖、庭院养殖，稳步提高牛、羊肉产能。推动转变草原畜牧业发展方式，推动畜牧业发展重心向农区转移，在农区推广畜牧业规模化、标准化生产模式。推动适度规模养殖场改造升级，高标准建设肉牛、肉羊规模化生产基地、养殖园区，提高牛羊规模养殖水平。以规模养殖场、养殖小区和龙头企业为重点，引导和建设标准化生产基地。以企业、合作社和养殖大户等多种形式开展规模化养殖，发挥规模养殖场（小区）的示范带头作用，重点支持规模企业和合作组织示范带动千家万户开展畜禽规模化生产。推进畜牧业合作社经营，鼓励支持畜牧业企业领办合作社，重点支持产销经纪人、技术服务和加工为主要内容的合作社，将以养殖为主的畜牧业转变为种植、养殖和加工为一体的畜牧业经营实体。严格草原禁牧和草畜平衡管理，进一步压减转移天然草场载畜量，提高牧区牲畜冷季舍饲比例、延长舍饲时间。通过草畜联营方式，加快牧区草畜流转进程，引导天然草场、牲畜向牧区定居养畜大户、农区涉牧企业、专业合作社转移集中，实现优势资源科学合理利用。

（三）推进畜牧业产业化经营

一是培育壮大畜牧业龙头企业，强化政策扶持，创造良好营商环境，引导各类资本利用畜牧业资源优势，发展畜牧业加工、贸易，在奶业、牛羊肉类精深加工领域形成一批强势领军龙头企业。坚持开放发展，引导农业产业化涉牧企业集团，积极整合归并现有产业化资源，通过参股、联营等方式，促进企业联合，提供产业化经营水平。实施现代畜牧业示范龙头企业创建扶持工程，创建认定一批规模化标准化程度高、辐射带动能力强、示范引领作用突出的畜牧业龙头企业，对创建认定的现代畜牧业示范龙头企业给予财政贴息扶持。二是推动畜牧业全产业链建设，采取"龙头企业+基地+合作社+农牧民"的生产组织方式，分别扶持建设肉牛、肉羊产业全产业链，加快提高企业辐射带动能力，密切企农利益联结机制，发挥龙头企业对产业的带动引领作用，发展驴、骆驼等特色合作社组织，逐步形成地方区域性特色养殖业。三是创新畜产品营销模式。构建优质畜产品现代营销体系，统筹规划提升一批设施先进、功能完善、管理现代的区域性畜产品集散地、现代化仓储物流和冷链设施，构建面向疆内外市场的畜产品综合物流运输网络。实施畜产品消费市场开拓行动，实施好"百城千店"工程，在援疆省份布局建设南疆四地州优质畜产品展销中心和营销网点，合理统筹仓储保鲜能力建设，加快健全现代冷链物流配送体系，结合旅游兴疆战略，扩大疆内旅游消费市场。

（四）健全饲草料供应体系

推进畜牧业发展重心由草原牧区向农区转移，把发展畜牧业作为促进种植业结构调整的重要因素，不断优化粮经草种植结构，扩大饲草料种植面。持续推进农业供给侧结构性改革，优化农业种植结构，统筹推进粮经饲种植，依托"粮改饲"等试点项目，稳妥有序推进低效低产粮田、次宜棉区棉花种植地退出粮食和棉花种植，发挥苜蓿能改良土壤、培肥地力的优势，将退出地转变为发展苜蓿、青贮玉米等草料种植，扩大人工饲草料种植面积，推进牧草高效节水灌溉，提高饲草料生产能力和产业化发展水平，解决南疆四地州饲草短缺问题，出台扶持饲草料基地建设的优惠政策，加快高标准饲草料地建设。加强饲草料加工，提高饲草料转化率，建设苜蓿、饲用玉米、农副秸秆等饲草料收储加工基地，鼓励企业向草产品深加工、高效利用方向发展。组织专家开展苜蓿、全株玉米等饲草料种植加工利用技术指导，提高青贮制作水平。扶持建立一批大中型饲草料加工生产企业，开发饲草料新产品，推广颗粒饲料和秸秆加工机械应用技术，建立饲草料生产、加工、销售联合体，提高工业化饲料产品入户率。促进草料跨区交易流通，引导建立区域性的饲草料交易市场或集散地，提高饲草料交易配送能力。

（五）提高畜牧业发展的科技支撑

深化畜牧业科研创新，组织开展技术协作攻关和技术组装配套，强化高新技术与常规技术的有效衔接和推广利用。加强实用技术推广应用，大力实施农牧业实用科技知识进村入户工程，加大畜牧业实训基地建设，提高畜牧业实用技术推广普及率。通过政府购买服务方式，扶持一批专家团队、合作社开展畜牧社会化服务。发挥基层防疫员作用，通过提高待遇、组织短期培训等方式，促进防疫员直接面向中小散户开展综合技术服务，弥补基层技术力量不足矛盾。

（六）打响绿色、生态、有机畜产品品牌

以有机畜产品和绿色畜产品地理标志认证和管理为抓手，实施优质畜产品品牌培育行动，着力打造绿色、生态、有机优质畜产品品牌形象，建设畜产品区域公用品牌、产品品牌和企业品牌协同发展的畜产品品牌体系，形成以品牌为引领的现代畜牧业产业体系，提升畜产品品牌影响力。强化畜产品品牌营销推介，充分利用各类农产品推介会、展示展销会以及"互联网+"等平台，举办品牌畜产品推介会，加大品牌畜产品展示展销力度，丰富品牌内涵，促进品牌与市场全面融合，打造良好"南疆畜产品"名片。强化畜禽种业发展，逐步建立新疆畜禽种业良性发展机制，充分调动畜禽育种企业积极性，深入实施绵山羊遗传改良计划、马遗传改良计划。加大畜禽遗传资源保护，开展南疆牦牛品种资源调查工作。

（七）强化动物疫病综合防控，提高畜产品质量安全水平

强化动物防疫公共服务体系建设，积极开展动物疫病免疫、监测与流行病学调查，切实提高重大动物疫病免疫密度和质量，加大免疫抗体水平监测覆盖面，提高动物疫病监测预警预报能力及应急处置能力。持续加强动物卫生监督工作，强化动物卫生执法监督。推进四地州畜产品质量安全执法队伍体系建设和畜禽定点屠宰企业信息化建设，继续深入开展畜产品质量安全监管专项行动，力争实现不发生区域性重大动物疫情、不发生重大畜产品质量安全事件。

第五节　加快提高农产品附加值

南疆四地州把推动农业产业化经营、发展农副产品精深加工作为主攻方向，使农产品加工业成为优化农村产业结构的重点、加速农业现代化建设的

着力点、促进农村产业融合发展的关键点。四地州农牧业、林果业等农产品加工已成为其优势产业，是四地州广大农牧民增收致富的重要支柱产业。农产品加工业发展情况如下。

一、农产品加工业的主要特点

（一）坚持政府扶持与市场引导相结合

随着市场经济体制的进一步完善，四地州高度注重发挥市场在资源配置中的决定性作用，用市场的办法来推动农业产业化经营的发展。更加注重以市场为导向，促进了农业结构的进一步优化；适时把工作重点向市场开拓转型，迅速启动了农产品外销平台建设工作，搭建现代农业新舞台；产业化组织投融资结构进一步优化，已经形成了以财政投入为导向，民间资本、工商资本、外商资本投入为主体，金融资本为重要支撑的多元化投入格局。

（二）逐步实现集约经营

农产品加工科技创新能力明显提高，农产品加工企业中研发机构、研发人员、研发投入逐年提高。抓标准化的力度明显加大，龙头企业高度重视农产品质量安全，建立了标准化生产基地，率先与国际标准接轨，在采用国际标准、改进设备、加强检测等方面迈出了新的步伐。重视实施品牌战略，把农产品品牌建设作为开拓农产品市场、加快农业产业化发展、促进农民增收的重要措施来抓，取得了积极成效。新疆棉花、吐鲁番葡萄、吐鲁番哈密瓜、库尔勒香梨、阿克苏苹果等一批"地理标志"农产品享誉全国、走向世界，红枣、核桃、巴旦木等一批主导产业品牌在全国市场的知名度不断提升。

（三）生产经营范围更加广阔

一是单一生产环节上的联合经营开始向科研、推广、服务等专业化经营探索；二是由以种植业为主要经营范围，向林、牧、副、渔各业的综合经营方面发展；三是由生产领域内的经营活动，向配送、流通、消费等领域延伸。

二、存在的突出问题

一是加工转化水平低，同质化产品多。农产品加工总量小、水平低，农产品加工业产值与农业总产值不足全国平均水平的1/3，加工转化率较低。农产品产后处理手段落后，筛选、分级水平较低，标准不统一，多以原字号产品直接进入市场，感官、卖相和品质均受影响。精深加工能力弱，产业链较短，农产品附加值和增值率低。二是产品"走出去"困难。由于远离内地主消费市场，铁路、公路、航空混联物流的现代冷链体系建设滞后，多数生鲜农产品运输损耗严重。同时，由于高额的物流成本，导致出疆后新疆农产品价格竞争力明显下降，即使干坚果运输成本也都偏高。三是品牌意识不强，市场辨识度低。农产品产中、产后标准化、规模化水平不高，农产品品质一致性、稳定性较差。企业产品品牌虽多，但小而杂，缺乏具有区域影响力和市场竞争力的公共品牌。随着对外开放不断扩大，国外、国内其他省份农畜、林果产品大量进入疆内市场，对南疆农产品在疆内外的市场份额和价格造成较大冲击。四是龙头企业实力不强，缺少行业领军企业。农产品加工企业数量虽多，但是整体规模较小。加工企业在产品研发方面投入不足，设备陈旧、工艺落后、人才匮乏，企业自主创新能力弱，产品科技含量和附加值不高，多次加工增值能力较差，缺乏行业领军企业和大型龙头企业。

三、采取提升农产品加工水平的措施

统筹推进初加工、精深加工、综合利用加工和主食加工协调发展。大力支持新型经营主体发展农产品保鲜、储藏、烘干、分级、包装等初加工设施，鼓励建设粮食烘储中心、果蔬加工中心，减少产后损失，提升商品化水平；

引导建设一批农产品精深加工示范基地，推动企业技术装备改造升级，开发多元产品，延长产业链，提升价值链；推介一批农产品和加工副产物综合利用典型，推动副产物循环利用、全值利用和梯次利用，提升副产物附加值；认定一批主食加工示范企业，推介一批中央厨房发展新模式，开发多元化产品，提升主食品牌化水平。

鼓励企业向前端延伸带动农户、合作社、家庭农场等新型农业经营主体建设原料基地，向后端延伸建设物流营销和服务网络。引导主产区农产品就地就近加工转化增值，主要发展主食加工、方便食品及农产品精深加工产业，打造产业发展集群。鼓励企业兼并重组，培育一批大型农产品加工企业。创建一批国家和自治区级农产品加工园区。加强农产品加工技术研发体系建设，突出企业的创新主体地位，在四地州建设农产品加工技术集成基地。加快构建现代农业产业技术体系农产品加工协同创新机制，加快科技成果转化应用，打造线上、线下相结合的科技成果转化平台，组织"政产学研银"合作对接活动，指导举办区域性、专业性的合作对接活动，推广一批成熟适用的技术装备。

强化"产出来、加出来、管出来、树出来、讲出来"的品牌创建思路，引导企业牢固树立以质量和诚信为核心的品牌观念。农业主管部门组织开展农产品加工业品牌创建宣传周等系列活动，通过多主体参与、多形式推进、多方位宣传的方式，组织开展培训交流，宣传展示自主品牌，增强公众消费信心，推动农产品加工业增品种、提品质、创品牌。

大力发展绿色加工，鼓励节约集约循环利用各类资源，引导建立低碳、低耗、循环、高效的绿色加工体系。鼓励在适宜地区建设和使用太阳能干燥、热泵干燥等高效节能环保的技术装备。促进农产品和加工副产物综合利用企业与农民合作社等新型经营主体有机结合，推动副产物综合利用原料标准化，实现加工副产物的有效供给。

结合农村一二三产业融合发展试点，支持农户、合作社、企业等经营主体建设、完善、提升初加工、主食加工、综合利用加工、休闲农业和乡村旅游等设施设备。鼓励农产品加工企业通过股份制、股份合作制、合作制等方式，与上下游各类市场主体组建产业联盟，让农户分享二三产业增值收益。引导鼓励利用大数据、物联网、云计算、移动互联网等新一代信息技术，培育发展网络化、智能化、精细化的现代加工新模式，引导农产品加工业与休闲、旅游、文化、教育、科普、养生养老等产业深度融合，积极发展电子商务、农商直供、加工体验、中央厨房、个性定制等新产业新业态新模式，推动产业发展向"产品+服务"转变。

第六节 积极推动农村一二三产业融合发展

近年来，南疆农业保持了稳步发展态势，但随着国内、疆内环境状况的变化和长期的粗放式经营，逐渐出现了深层次矛盾，南疆农业发展面临成本上涨、效益下降、资源条件严峻等重大挑战。中央农村工作会议把产业链、价值链等现代产业组织方式引进农业，明确要求各省份推动农村一二三产业互动，并把农村一二三产业发展列入中央一号文件。推动一二三产业融合发展，不仅是转变农业生产方式、促进农业现代化的必然要求，也是国家"三农"政策的最新举措。为推进自治区农业提质增效，满足城乡居民消费需求，自治区积极贯彻落实国家 2015 年、2016 年中央一号文件精神，以及

《关于推进农村一二三产业融合发展的指导意见》（国办发〔2015〕93号）、《关于进一步做好农村一二三产业融合发展试点示范工作的通知》（发改办农经〔2016〕2869号）等相关文件精神，拓展自治区农村农业多功能性，促进自治区农村一二三产业融合发展，2017年出台了相关扶持政策，围绕自治区农业优势特色产业，选择部分县市开展农村一二三产业融合发展试点。

一、农村一二三产业融合发展的政策梳理

农村一二三产业融合发展是提高农业综合效益、农业竞争力，促进农民收入的关键。推进农村一二三产业融合发展，是我国推动农村经济发展、拓宽农民收入渠道的战略要求。近年来，我国政府出台了一系列支持农村三大产业融合发展的政策文件，也是国家"三农"政策的最新举措。2015年2月，中共中央、国务院印发的中央一号文件《关于加大改革创新力度加快农业现代化建设的若干意见》首次提出推进农村一二三产业融合发展的理念，指出要延长产业链、提高农业附加值；大力发展特色种养业、农产品加工业、农村服务业；积极开发农业多种功能；激活农村要素资源。2015年12月，中央农村工作会议提出，要梳理大农业、大食物观念，推动粮经饲统筹、农林牧渔结合、种养加一体、一二三产业融合发展；要挖掘农业内部潜力，促进一二三产业融合发展，用好农村资源资产资金，多渠道增加农民收入。2016年，中央一号文件《中共中央 国务院关于落实发展新理念加快农业现代化实现全面小康目标的若干意见》中提出，要充分发挥农村的独特优势，深度挖掘农业的多种功能，培育壮大农村新产业新业态，推动产业融合发展成为农民增收的重要支撑。2017年党的十九大报告指出，要促进农村一二三产业融合发展，拓宽农民增收渠道。2018年的中央一号文件指出，要构建农村一二三产业融合发展体系。由此可见中央对农村一二三产业融合发展的重

视程度。

为推动我国农村一二三产业融合发展，2015 年，国务院办公厅印发了《关于推进农村一二三产业融合发展的指导意见》（国办发〔2015〕93 号）。为落实文件精神，国家发展改革委员会同财政部、农业部、工业和信息化部等相关部门在全国 137 个县（市、区）组织实施了农村产业融合发展"百县千乡万村"试点示范工程，支持各地围绕产业融合模式、主体培育、政策创新和投融资机制等，积极探索和总结成功的做法，以及努力形成和推广的经验。2016 年 12 月，国家发展和改革委办公厅印发了《关于进一步做好农村一二三产业融合发展试点示范工作的通知》（发改办农经〔2016〕2869 号），对进一步做好农村产业融合发展试点示范工作做了安排部署。2017 年 8 月，在"百县千乡万村"试点基础上，国家发改委会同相关部门联合印发了《关于印发国家农村产业融合发展示范园创建工作方案的通知》（发改农经〔2017〕1451 号），首批确定了 148 个示范园创建单位。2017 年 12 月，农业部印发了《农业部办公厅关于支持创建农村一二三产业融合发展先导区的意见》（农办加〔2017〕20 号），首批共有 155 个县（市、区）成功创建，对认定的农村一三三产业融合发展先导区，给予优先纳入现代农业产业园、农业产业强镇等项目支持。2018 年，国家发改委会同相关部门联合印发了《国家农村产业融合发展示范园认定管理办法（试行）》（发改农经规〔2018〕1484 号），用于农村一二三产业融合发展示范园的申报、创建、验收、认定和管理工作。农村一二三产业融合发展的机制更加健全。

为贯彻落实国家农村一二三产业融合发展安排部署，2017 年，自治区印发了《关于推进农村一二三产业融合发展的实施意见》（新政办发〔2017〕22 号），提出构建自治区农业与二三产业交叉融合的现代农业体系，促进农业增效、农民增收和农村繁荣，为全区农业农村经济持续健康发展和全面建成小康社会提供重要支撑。南疆四地州积极贯彻落实自治区农村一二三产业融合发展的政策措施，加快推进农村一二三产业融合发展。

二、农村一二三产业融合发展的内涵

（1）农村一二三产业融合发展概念。关于农村一二三产业融合的内涵，学术界从不同的角度进行了界定，尚未形成统一的表述。本章采用原国家发展改革委宏观院和农经司课题组在《推进我国农村一二三产业融合发展问题研究》一文中提出的概念。原国家发展改革委宏观院和农经司课题组，在对国内外学者关于农村一二三产业融合发展的内涵、理论依据及实践意义总结概括的基础上提出：农村一二三产业融合发展是以农业为基本依托，以新型经营主体为引领，以利益联结为纽带，通过产业链延伸、产业功能拓展和要素集聚、技术渗透及组织制度创新，跨界集约配置资本、技术和资源要素，促进农业生产、农产品加工流通、农资生产销售和休闲旅游等服务业有机整合、紧密相连的过程，借此推进各产业协调发展和农业竞争力的提升，最终实现农业现代化、农村繁荣和农民增收。

（2）与农业产业化的区别与联系。农业一二三产业融合是农业产业化的延伸和发展，是农业产业化的高级阶段和"升级版"，与农业产业化相比，表现在农业产业链条的纵向延伸和农业功能的横向拓展上，一是业态更加活跃，不仅包括农业生产、加工、销售等农业产业化内容，还包括新产品和新业态；二是产业边界更加模糊；三是利益联结程度更加紧密；四是经营主体更加多元化；五是农业功能更加丰富。

三、南疆四地州农村一二三产业融合发展的现有模式和制约因素

近年来，南疆依托丰富的农业资源优势，农业经济总量持续增大，农业

经济发展取得了明显成效，农业初步形成了以粮食、棉花、林果、畜牧业、设施农业、特色农业六大产业为支撑的产业体系。农产品加工业与农业相互融合渗透，生产性服务业、观光旅游业等逐步融入农村各产业，呈现出一二三产业融合发展的势头。

（一）南疆四地州农村一二三产业融合发展现状

1. 南疆四地州农村一二三产业融合发展试点创建情况

为推动南疆四地州农村一二三产业融合发展，根据《关于推进农村一二三产业融合发展的指导意见》（国办发〔2015〕93号）、《关于印发国家农村产业融合发展示范园创建工作方案的通知》（发改农经〔2017〕1451号）等国家相关文件精神，南疆四地州积极创建全国"百县千乡万村"试点、农业产业融合发展示范园和全国农村一二三产业融合发展先导区，截至2018年底，南疆四地州拜城县、和静县两个县市列入全国"百县千乡万村"试点，若羌县、温宿县两个县市（不含兵团）成功创建全国农业产业融合发展示范园，拜城县成功创建全国农村一二三产业融合发展先导区。

2. 南疆四地州农村一二三产业融合发展基本模式

在南疆四地州农村一二三产业融合发展过程中，呈现出了多种形式的融合方式，主要有种养结合型、产业延伸型、功能拓展型、技术渗透型、多元复合型五种方式。

一是种养结合型。该模式充分发挥当地农业资源优势，以涉农组织为主体，围绕农业相关联产业发展，将种植业、养殖业、畜牧业间进行产业重组整合，实现农业产业内部协作和循环，形成种养复合、生态农业等新型产业，拓展农业增值空间。比如和田地区民丰县新疆昆仑尼雅生态农牧发展有限公司，依托苜蓿、玉米种植基地及林果种植基地，建设黑鸡繁育、加工基地，实现苜蓿、玉米等养鸡、鸡粪还田的有机循环，促进了农业内部的产业整合和价值增值。

二是产业延伸型。该模式依托涉农企业，以生产、加工或营销为关键环节，从农业单一产业向产前产后纵向延伸，整合农业产业资源，拉长农业产业链，提升农产品附加值率。比如阿克苏地区温宿国家农业科技园区恒通果汁公司，是全疆最大的浓缩苹果汁加工企业，依托农产品加工业主体，向后延伸到销售领域，在拓展内地市场的同时，把阿克苏果汁产品销售到了俄罗斯、巴基斯坦等"一带一路"沿线国家。又如，阿克苏地区新疆红旗坡农业发展集团有限公司依托苹果生产，向后延伸产业链，成立阿克苏金物联电子商务有限公司，开展鲜果分选、果品深加工、恒温库储藏、纸箱加工、综合服务、物流配送、电子交易业务，延长了产业链，提高了产品附加值。

三是功能拓展型。该模式重点开发农业多种功能，发掘农业文化、旅游、教育价值，将农业与休闲娱乐、教育融合起来，培育新型业态，当前主要体现为生态旅游农业等建设。比如昌吉州奇台县腰站子村深入挖掘农业的旅游价值，发挥毗邻江布拉克景区优势，在现有万亩现代农业休闲观光示范园基础上，通过建设驿站博物馆、小麦博物馆、有机观光工厂、农耕体验区、驿站美食广场等一系列文化旅游实景，让游客在游览江布拉克景区后，到腰站子村观赏田园风光。又如，吐鲁番市依托旅游资源和优势农业，挖掘农业的文化、旅游价值，把设施蔬菜、桑、杏等特色农业基地打造为采摘观光园等观光农业示范点，通过举办春博会、杏花节、桑葚季等节庆活动，大力发展休闲农业和观光旅游。

四是技术渗透型。该模式是以信息技术为支撑，以电子交易平台为载体，通过农业信息化特有的全产业链、全价值链、全生态链核心优势，使农业生产、加工、管理、运输、交易等各个环节无缝对接，推动农业发展。比如在"互联网+"下，南疆多数县市农业生产经营网络实现在线监控管理，农产品线上预订、结算，线下交易、销售等。

五是多元复合型。依托龙头企业或产业链核心企业，促进涉农企业集聚集群发展，做强农业、做大加工业、做活农村服务业，实现第一产业"接二连三"、三次产业联动发展，打造出融合生产加工、科技研发、物流储藏、商务会展、信息咨询、金融服务、生态旅游、养生休闲等于一体化的复合型农业综合体。比如新疆芳香庄园酒业有限公司，依托巴州和硕县葡萄种植园及伊犁方向植物种植基地，开发保健、饮料、化妆等系列化的精深加工产品，打造种植园、芳香生态观光园及科普教育基地，构建起集种植、研发、生产、观光、科教于一体的产业复合型运作模式。

（二）制约南疆农村一二三产业融合发展的主要因素

1. 农村一二三产业融合程度比较低

一是融合链条短，附加值低。农村三大产业融合在新疆还属于新生事物，南疆各地州市绝大多数农户只进行农业生产或者林果烘干、保险等产品初加工，农产品精深加工和就地加工转化率不高，农业产业融合链条短，农业附加值没得到很好的挖掘，同时与销售环节联结不够紧密。

二是农业功能开发不足。农业具有文化、教育、健康、旅游等多种功能。但南疆对农业功能的挖掘还需进一步深入，目前，南疆涉及较多的是农业旅游功能的开发，多数县市将农业与旅游项目结合，大力发展休闲农业、农家乐等旅游项目，还缺少对乡土文化、风土乡俗等历史人文资源的开发，发展模式相对单一，产业雷同现象比较突出。

2. 新型农业经营主体发育迟缓

首先，南疆大部分地州农业生产仍以一家一户的分散经营为主，土地的规模化和集约化水平较低，土地流转规模较小，不利于农业的规模化经营，影响着一二三产业融合发展。其次，南疆大部分家庭农场、专业大户、农民合作社主要从事种植业和养殖业，生产经营方式单一、生产经营规模小，经营管理和技术水平偏低，难以发挥推动农村一二三产业融合发展的基础作用。再次，没有充分发挥农业产业化龙头企业的引领示范作用。南疆四地州绝大多数农业产业化龙头企业规模偏小，生产能力不大，加工水平和产品档次不高，联结生产和消费的纽带作用不强，产业融合带动能力弱，对农村产业融合的引领示范作用发挥不充分。

3. 利益联结机制不健全

利益联结机制是农民得以分享农业与二三产业融合增值收益的主要载体。但南疆四地州在经营主体与农户之间还没有形成风险共担、互惠共赢的利益联结机制，农民难以分享加工与流通环节带来的增值收益。目前，南疆大部分地区主要是以订单农业等以农产品买卖关系为基础的低层次产销合作，缺少股份制和股份合作制等利益联结方式。订单农业违约率较高，农民难以通过利润返还和股份分红等方式获取农村三大产业融合发展的收益，一定程度上会打击农民参与农村三大产业融合发展的积极性，不利于推进农村三大产业融合发展。

四、产业融合发展的对策建议

（一）创新一二三产业融合发展管理机制

在自治区层面，设立农村一二三产业融合发展办公室，细化农村一二三产业融合发展办公室各成员部门职能分工，推动形成部门间有效协作机制。办公室负责农村一二三产业融合发展规划编制、政策制定、信息沟通、试点推进，结合实际促进自治区农村一二三产业融合发展的方案措施，同时对落实情况进行跟踪分析。

（二）加快发展农产品加工业，延长农业产业链条

一是加快发展农产品加工业。农产品加工业处在产业链前后延伸的重要

位置，能够"接一连三"，带动农民就业增收。南疆四地州大力发展农产品深加工是延长农业产业链条、带动农民就业增收、实现农业提质增效的有力抓手。南疆各地州可依据当地资源特色，紧随市场动向，积极发展农产品产地初加工和精深加工，加快农业生产向前向后延伸，打造完整的产业链条。尽快研究制定加快南疆农产品加工业发展的政策性措施，推动农产品加工业扩大规模和转型升级。选择一批优势明显的特色农产品，开展龙头企业全产业链生产与加工技术推广示范，构建覆盖全产业链的新型产业发展模式。加快落实财政、金融等扶持政策，鼓励一批地方国有企业和有实力的民营企业进入农产品生产、贮运、加工、营销等各环节。

二是拓展农业多种功能。大力开发休闲观光、农事体验、农家餐饮等乡村旅游休闲产品，推进南疆四地州农业与旅游、教育、文化等产业的深度融合。每个项目试点县重点培育一两家农业龙头企业，以田园风光为依托，充分挖掘地域文化和特色民俗等，着力打造出一批精品乡村旅游景点或旅游线路。

（三）增强经营主体推进农村一二三产业融合发展能力

支持南疆新型经营主体发展壮大，鼓励新型经营主体多元化发展，促进农产品加工和流通企业、农民合作社、种养大户、家庭农场等更好地面向市场需求、立足资源优势，推进农业产业链一体化发展。鼓励新型经营主体抱团营销，打造联合品牌，探索协同创新机制。支持农村产业融合领军型企业发展。优先解决新型经营组织的生产设施用地、附属设施用地和配套设施用地问题。积极搭建农户参与农村产业融合发展的平台，拓宽产业融合渠道。充分发挥供销社等营销主体作用，支持供销社加强农村现代流通服务网络工程建设，带动农村产业融合营销渠道建设。

（四）建立紧密的利益联结机制

紧密型利益联结机制是以保障农民权益为核心，使新型农业经营主体之间及与普通农户之间形成风险共担、互惠共赢的利益共同体。一是进一步完善订单协作利益联结，鼓励产业化龙头企业与农民合作社、专业大户、家庭农场、普通农户签订保护价收购合同，并按收购量对农户进行利润返还。探索龙头企业为订单农户协助申请封闭贷款，提供信贷担保和类金融服务，以资金链强化合同双方利益联结关系。二是鼓励部分农村土地和农村集体资产股份制改革进展情况较好的县市，充分利用改革成果，引导农户以土地、资产入股企业，通过入股方式实现利益联结；着重推广"保底收益+按股分红"的利润分配方式，维护农民利益。

（五）强化农村一二三产业融合的要素供给

土地是农村产业融合发展的重要载体，发展农村一二三产业融合应对农村产业融合发展项目建设用地予以倾斜。探索建立对南疆农产品产地初加工、仓储物流、产地批发市场、农产品电商、乡村旅游等农村产业融合发展项目实行优先用地和审批制度。鼓励新型农业经营主体，在征得农村集体经济组织同意和不改变土地性质的前提下依法使用农村工矿、学校废弃地、闲置农村宅基地等农村集体建设用地和四荒地发展农村产业融合发展项目。

加大财政支持和税收优惠。完善农产品加工和流通环节税收优惠政策，自治区出台政策把农产品产地初加工和仓储物流、农业资源综合利用、农村电子商务智能终端等设备购置及乡村休闲农业设施改造等纳入财政补贴目录。创新财政补贴方式，新增财政农业补贴资金重点向南疆粮食主产区等新型经营主体倾斜。建立财政对产业融合示范县的转移支付制度。研究设立区域性农村产业融合发展资金，重点支持农村产业融合发展中新型农业经营主体、示范基地和重大项目建设。

第四章　完善农业产业结构调整的保障机制

第一节　稳妥推进土地产权制度改革

全面深化改革以来，农村土地产权制度发生了一系列改革，2016 年 10 月 30 日中共中央办公厅、国务院办公厅发布的"三权分置"意见，实行农村土地所有权、承包权和经营权分置（三权分置），并放活土地经营权，是农村产权制度的重大创新。土地经营权流转是农业发展和农业产业结构调整的重要因素之一，南疆四地州如何既全面贯彻落实中央推进农村土地经营权流转、发展农业适度规模经营的发展思路，又把握好农村土地经营权流转的节奏和力度，做好农村土地经营权流转工作显得极为重要。

一、土地经营权提出的制度背景和意义

（一）土地经营权提出的背景

我国的第一次农村土地制度改革是实行了家庭联产承包责任制，实现了农村土地所有权与承包经营权的分离，使农民获得了土地承包经营权。随着我国经济发展和城镇化进程的不断推进，家庭联产承包责任制逐渐出现了不能适应农业现代化发展的种种限制。一些学者研究总结了"三权分置"政策提出的深层动因，胡震、朱小庆吉（2017）认为"三权分置"的提出源于三方面的需要，一是保证集体所有权的需要，二是推进新型城镇化的需要，三是农业现代化的需要，这也与尹成杰（2017）等学者的观点一致。尹成杰等认为现代农业提倡适度规模化、产业化、集约化生产，当前土地细碎化现象和各家各户分散经营的传统农业经营方式，致使农业生产效率低下，已经不

适应现代农业发展方向，现代农业发展对农村土地制度创新提出了新要求。一些学者认为城镇化的推进促进大量的农民进城，导致农地闲置、出租等现象颇多，长此以往，不利于我国粮食安全。当前土地制度出现的这些现象，迫切需要对以家庭联产承包责任制为主的农村土地制度进行完善。

（二）土地经营权提出的过程

2013 年 7 月，习近平总书记在湖北考察时指出要研究土地所有权、承包权、经营权之间的关系，农村土地"三权分置"作为农村土地制度改革的一项重要内容逐渐在中央文件中出现，并在短短的三年时间内，形成了"三权分置"政策并以文件的方式确立下来。2013 年 11 月，《中共中央关于全面深化改革若干重大问题的决定》首次在文件中提出了构建新型农业经营体系，以及赋予农民更多财产权利。随后，在 2014 年发布的《关于引导农村土地经营权有序流转发展农业适度规模经营的意见》中，提出了"坚持农村土地集体所有，实现所有权、承包权、经营权三权分置"，农村土地"三权分置"的改革方向得以在文件中正式提出。同年，在国务院办公厅《关于引导农村产权流转交易市场健康发展的意见》中，首次在文件中界定，通过市场流转交易的农村产权包括农户承包土地的经营权，不涉及以家庭承包方式承包的集体土地的承包权，文件将承包权和经营权分离，明确土地经营权作为农村产权进行流转，初步提出了"三权分置"中土地所有权、承包权、经营权的各自功能。2016 年 10 月，中共中央办公厅、国务院办公厅印发了《关于完善农村土地所有权承包权经营权分置办法的意见》，该《意见》明确提出"将土地承包经营权分为承包权和经营权，实行所有权、承包权和经营权分置并行"，并详细界定了所有权、承包权、经营权"三权"的内涵、权利边界和相互之间的关系，使"三权分置"形成了完整的政策体系。

（三）土地经营权的内涵及功能

"三权分置"是土地承包经营权的延伸和提升，是指农村家庭承包的土地通过合法的形式，保留承包权，将经营权让渡给其他农户或其他经济组织的行为，其前提是坚持农村土地的集体所有权，更好地稳定农户的承包权，放活土地的经营权，形成"三权分置"的格局。"三权"即为集体所有权、土地承包权、土地经营权，《关于完善农村土地所有权承包权经营权分置办法的意见》中明确，一是要始终坚持农村土地集体所有权的根本地位，农民集体是土地集体所有权的权利主体，对集体土地依法享有占有、使用、收益和处分的权利；二是严格保护农户承包权，农村集体土地由作为本集体经济组织成员的农民家庭承包，不论经营权如何流转，集体土地承包权都属于农民家庭；三是加快放活土地经营权，土地经营权人对流转土地依法享有在一定期限内占有、耕作并取得相应收益的权利。

（四）土地经营权流转的概念

"三权分置"下农村土地经营权流转是农村土地承包制度的进一步完善，实际上也是在确保农村土地集体所有权不改变的情况下，将农户土地的承包经营权进行分离，形成土地承包权和土地经营权，农户作为承包主体掌握着土地承包权，可以对自己承包的土地进行处置和继承，保证了农户的利益，土地承包户可以处置经营权，可以决定由谁在自己的承包地进行经营，经营权主体在一定期限内占有土地，并有权获得土地收益，土地承包户决定并有偿交给他人来经营承包地的这个过程就是土地经营权流转。在实际操作过程中，土地经营权流转可以有多种方式。

（五）土地经营权流转的主要形式

我国的第一次农村土地制度改革是实行了家庭联产承包责任制，实现了农村土地所有权与承包经营权的分离，使农民获得了土地承包经营权。随着我国经济发展和城镇化进程的不断推进，家庭联产承包责任制逐渐出现了不能适应农业现代化发展的种种限制，迫切需要对以家庭联产承包责任制为主的农村土地制度进行完善。2016 年 10 月，中央明确提出"将土地承包经营权分为承包权和经营权，实行所有权、承包权和经营权分置并行"，使土地经营权独立出来，并放活土地经营权，土地经营权人对流转土地依法享有在一定期限内占有、耕作并取得相应收益的权利，在实际操作过程中，土地经营权流转可以有多种方式。根据《农村土地承包经营权流转管理办法》（中华人民共和国农业部第 47 号令），土地经营权流转方式主要包括转让、转包、互换、入股、出租等形式。转让是指土地承包经营户在能够脱离第一产业，进入二三产业实现稳定就业，并能获得稳定收入的前提下，经承包户申请，将一部分或者全部土地承包经营权转让给其他从事农业生产经营的农户，由其履行相应土地承包合同的权利和义务。转让后原土地承包关系自行终止，原承包方承包期内的土地承包经营权部分或全部灭失。转包是指承包方将部分或全部土地承包经营权以一定期限转给同一集体经济组织的其他农户从事农业生产经营。转包后原土地承包关系不变，原承包方继续履行原土地承包合同规定的权利和义务。接包方按转包时约定的条件对转包方负责。互换是指承包方之间为方便耕作或者各自需要，对属于同一集体经济组织的承包地块进行交换，同时交换相应的土地承包经营权。入股是指实行家庭承包方式的承包方之间为发展农业经济，将土地承包经营权作为股权，自愿联合从事农业合作生产经营；其他承包方式的承包方将土地承包经营权量化为股权，入股组成股份公司或者合作社等，从事农业生产经营。出租是指承包方将部分或全部土地承包经营权以一定期限租赁给他人从事农业生产经营。出租后原土地承包关系不变，原承包方继续履行原土地承包合同规定的权利和义务。

二、南疆四地州农村土地经营权流转的现状与特点

南疆土地经营权流转工作稳步推进，流转面积较小、增速较缓。截至

2017 年底，全疆农村家庭承包耕地流转面积达到 661.1 万亩①，比 2016 年增加了 19.7 万亩，占家庭承包经营耕地总面积的 21%，其中南疆地区（包括巴音郭楞蒙古自治州）流转面积为 39.4 万亩，占流转总面积的 6%。2019 年，全疆家庭承包耕地流转面积已超过 1000 万亩，南疆四地州耕地流转面积占全疆流转面积的比例超过 20%②。可以看出，南疆地区土地流转速度远远低于北疆地区，土地流转需要稳步推进。2020 年，和田地区成立县、乡农村土地流转服务中心，农村承包地流转面积为 28.84 万亩，占家庭承包经营耕地面积的 18.1%。

三、土地经营权流转存在的问题

可以看出，南疆土地经营权流转十分滞后，在整个土地经营权流转的过程中存在一定的问题。

（一）对流转的认识还不到位

一是个别基层干部对政策理解不深、把握不准，不考虑本地二三产业就业基础及农户的非农就业能力，片面追求土地规模效益，指导农村土地流转工作不规范，影响了土地流转市场的健康有序开发。二是南疆四地州的部分农民对农村土地经营权流转的政策、效益认识不到位，对土地经营权流转所有权、承包权和经营权的配置缺乏理解，受传统观念、语言障碍等因素的影响，担心土地流转出去后，失去了土地的保障，又无法获得稳定的工作和收入，生活无法保障，农户流转意愿不强。

（二）相关配套政策有待完善

一是土地经营权流转服务网络不健全，造成土地流转信息不畅通，连接

---

① 数据来源于新疆农业厅官方网站。
② 数据来源于农业农村部官方网站。

土地经营权流转双方的纽带缺失，土地经营权流转双方的信息不能有效对接，农民由于信息不对等往往处于劣势。二是新疆工业、第三产业及城镇化发展还相对滞后，无法为经营权流转后的农户提供稳定的就业岗位，难以确保农户经营权流转后的收益长期稳定增加，再加上农村医疗、社保等保障还有待进一步健全，经营权流转后农村农户的社会保障机制还需要进一步完善。三是利益调处机制建设相对滞后，由于流转双方在长期流转中没有建立完善的利益协调机制，没有结成风险共担、利益共享、协作发展的关系，往往容易因为经营风险和市场变化等原因引发出利益矛盾。四是金融支持滞后，金融部门对土地经营权预期收益放贷顾虑重重，对土地的收益预期估值偏低，放贷额度低，审核周期长，在一定程度上也影响了农民通过土地经营权抵押的积极性。

（三）流转过程中存在不规范现象

土地流转形式趋于多元化，土地经营权流转具体操作过程中存在着较多不规范行为。主要表现在：一是流转程序不规范，如阿克苏、喀什地区农民自行流转土地的较多，靠产业和村组织统一流转的较少，很少签订流转合同、确认流转细节，很少到相关部门备案，埋下了纠纷隐患；二是流转中农村家庭承包经营地的权属关系存在隐患，农村二轮土地承包农户的承包经营地的实际面积已发生变化，需重新确定土地性质，以确保农民在经营权流转时不受损害；三是流转合同不规范，部分合同对流转价格、流转时间设置不合理，易发生流转合同违约纠纷。

（四）大规模土地流转存在潜在风险

大面积土地流转可以增加转出方农民收入，也可以促进农业发展实现规模经营，但其背后存在较多隐患。一是防止大规模流转后的土地"非粮化"。大规模流转土地的经营主体为保证生产利润，在比较效益面前，大多会选择种植经济作物。二是防止高地价土地的"非农化"冲动。部分城郊村，每亩土地流转费用较高，而流转后的土地多用于度假村、物流园等非农建设，土地用途被改变。三是高地价加剧了经营风险，若租地农户种植的农作物因市场因素损失惨重，将直接冲击此类土地来年的流转价格，不利于土地流转。

（五）土地流转后农民再就业压力大

农民土地流转后，除少部分能继续在土地受让方从事农业劳作获取报酬外，大部分农民需要离开土地从事二三产业。由于新疆经济整体不发达，特别是南疆四地州新型工业化、新型城镇化、新型农业现代化、规模化发展水平低，吸纳农民就业的总量较小。而且农民从事非农产业的各方面工作要求比过去从事农业生产要求更高，土地转出的农民难以适应非农就业，阻碍了农村劳动力转移，大部分农民仍然主要依靠土地生产来保障生活，影响了土地经营权流转。

四、推进农村土地经营权流转的对策建议

（一）明确流转的发展方向，把握好流转力度节奏

根据中央精神，结合新疆实际，明确新疆土地经营权流转的发展方向、力度和节奏。新疆现阶段的农村土地经营权流转应以"三权分置"重大理论创新为指导，抓住稳定承包关系这一基础，充分尊重农民意愿，适度发展规模经营。在引导农村土地经营权流转时，避免违背农民意愿、用行政推动的方式强制推进大规模土地流转行为，尽力保障农民利益、维护农村稳定。因南北疆各项条件差异较大，应因地制宜、按不同力度和节奏分类推进，南疆四地州特别是和田、喀什、克州要稳妥审慎、精心试点，扎实做好确权登记颁证等前期工作，确保南疆四地州农村的稳定局面。

（二）加强流转的宣传引导，转变对流转的认识

在土地流转过程中，多进行土地政策的宣传工作，让基层领导干部学法、

熟法、用法，严格遵守法律，依法行政，做好带头作用，让广大的农民懂得法律法规，遵守和履行土地流转的合同。对《农村土地承包法》《农村土地承包经营条例》等相关的法律法规进行积极宣传，让农民转变落后的思想观念，重新认识土地流转的性质以及土地流转将会带给他们的收入，加大增收致富和种田大户的典型示范作用，解除农民对土地的顾虑。

（三）健全流转的法律法规，推进规范有序流转

研究整理关于土地经营权流转的规定，借鉴各地有关实践，明确南疆四地州农村土地经营权流转各方面、各环节的规定，为农村土地经营权流转建立明确统一的法律依据，依法有序推进土地流转。加强土地经营权流转的管理，推进农村土地流转进一步规范化，一是健全合同管理，积极引导有经营权流转意愿的双方以当地规范的合同范本签订流转合同，对流转双方的权利、责任做出明确规定；二是严格执行土地承包经营权流转的相关法律、法规，严格执行《农村土地经营权流转交易市场运行规范（试行）》，尝试将村集体经营土地、"四荒地"等资源通过农村土地经营权流转交易市场进行发包，减少权力寻租，依法维护农民的土地财产权益；三是根据实际制定本地经营权流转合同的制式范本，相关部门加强对流转合同的审查、监督力度，对合同的变更、解除和签证要及时办理，对审查通过的合同进行登记、立卷和归档；四是严格基层组织部门参与土地流转的行为规范，不能无故阻止和妨碍农民自愿合理的土地经营权流转；五是健全土地经营权流转的市场机制，逐步建立农用地评估机构，对土地进行分等定级和价格评估，科学评估农用土地的等级和市场价格，为流转双方进行公平交易和政府加强农村土地管理提供依据；六是健全土地经营权流转的监督机制，加强农业补贴政策和资金的监管，加强监督土地流转之后的土地使用情况，确保土地的合理开发利用和规模发展；七是逐步建立专门调节农村土地纠纷的仲裁机制，成立县级、乡

（镇）土地承包经营权流转纠纷仲裁委员会，积极妥善处理经营权流转过程中发生的各种纠纷，协调土地流转当中出现的各种问题，保证土地流转的良好环境。

（四）完善经营权流转的相关服务，保障流转各方利益

一是加强农村土地经营权流转服务平台建设，成立县市土地经营权流转管理服务中心，进一步提高乡镇农村土地经营权流转管理服务场所或农村产权交易平台覆盖比例，通过各地（州）、市（县）以及乡镇土地经营权流转管理场所和服务网络，及时公布各地土地经营权流转信息，为土地经营权流转各方提供明晰产权、规范合同等基础支撑、信息发布、政策咨询、价格评估等公共服务。二是完善土地经营权流转的激励措施，在稳定现有粮食直补、良种补贴、农机具购置补贴、农资综合直补政策基础上，新疆和各地财政安排一定额度的专项扶持资金，对已规划好的村子在农村土地整合、高效农业节水、互换并地等方面采取以奖代补的形式给予鼓励，形成推进土地经营权流转的政策体系。三是强化工商资本进入农业领域的监管，探索建立农村集体土地综合监管机制，将农户家庭承包地、村集体机动地、四荒地、基本农田等统筹管理，强化风险防范。对非农户口人员介入农村土地流转、工商资本进入农业领域建立资格审查、项目审核和风险保证金制度，防止土地流转后搞农家乐、建度假村等"非农化""非粮化"经营行为。四是健全保障机制。建立农业风险保障机制，加大农业基础设施建设投入，着重改善农田水利、电力、道路等农业基础设施条件，为农业适度规模经营创造条件。五是引导鼓励新疆相关金融机构在信贷政策允许的前提下，为参与农村土地经营权流转的龙头企业、农民专业合作社和经营大户等新型农业主体提供积极的信贷支持。

（五）加大就业转移力度，消除农民后顾之忧

农村劳动力从土地中转移出来，能够稳定就业增加收入，是推进农村土

地经营权流转的关键。土地经营权流转的进度要与农村劳动力转移就业的力度相适应，继续推进农村土地流转工作，必须加大农村劳动力转移就业工作力度。一是建立经营权转出方农村劳动力职业技能培训和实用技术培训长效机制，扎实做好短期务工、季节性务工和外出务工长期就业能力的技能培训，通过设立劳务派遣公司等方式积极对接劳动力市场的用工需求和就业服务，在新型城镇化和新型工业化推进过程中不断吸纳经营权转出方农村劳动力转移就业，进一步扩大经营权转出方农村劳动力稳定转移就业规模。二是积极为经营权转出方农村劳动力创业创造良好的政策环境，在小额信贷、贴息、税收等方面予以政策倾斜，支持农民自主创业。三是强化农村社会保障功能，完善农村就业、养老保险、合作医疗等社会保障体系，使农民医疗有保障，失业有保险，解除农民的后顾之忧。四是加快小城镇建设和农村城市化进程，推进长期进城务工人员的市民身份转变，强化小城镇、大城市对长期务工农民的吸纳能力。力争多措并举，逐步实现农民拥有一份财产性收入和一份劳动性收入的稳定收入机制，消除农民的后顾之忧。

（六）发展适度规模经营，以效益促进流转

农地规模经营是与各县市经济发展水平、劳动力转移规模相适应，与农业科技水平的提高、生产经营水平相关。一是积极培育具有现代农业经营理念的新型农业经营主体，创新农业经营方式，逐步推进家庭、集体、合作、企业等多种经营方式共同发展，加快构建以广大农牧民每家每户家庭经营为基础，合作与联合为纽带，社会、市场化服务为支撑的现代农业经营体系。二是科学布局农业产业，合理制定产业规划，根据农业生产力发展现状，开展农产品市场价格数据分析，建立农业生产及市场风险预警机制，引导土地经营权有序流转。三是完善农业扶持体系，加大对中小规模农业经营主体的扶持力度，适当降低农民合作社、家庭农场申请贷款贴息等扶持政策的准入门槛，让"扶优扶强"与"扶小扶弱"有机结合，引导通过"企业+合作社+农户""合作社+家庭农场+农户""企业+合作社+家庭农场"等模式，延伸农业产业链，发展农业适度规模经营主体，让农户真正融入适度规模经营，分享更多红利。

第二节 努力提升农业用水效率

南疆四地州气候干旱、降水稀少，水资源季节性分布不均，耕地质量不高，质地偏沙，属典型的灌溉农业。长期以来，南疆的农业用水效率不高，用水量偏大，水资源浪费现象突出。南疆四地州高度重视水资源的开发利用和保护，积极加强水资源调控能力建设、加强农业节水、推进水价改革等一系列的措施，在水资源的开发、利用、保护方面取得了较大成效。但由于经济结构还不够合理，还存在行业用水比例失调、农业用水规模大等相关问题，迫切需要解决。

一、农业用水在南疆四地州农业生产中的重要作用

南疆四地州农业生产还处于以分散经营为主的传统经营模式，农业适度规模经营还远远不足，这与农业用水利用率偏低、种植业结构不尽合理、群众节水意识淡薄等用水方式密切相关，已成为制约南疆农业现代化发展的重要因素。农业现代化要求农业实现生产要素集聚和农业标准化，这就要求农业必须走适度规模经营的道路，研究农业用水情况，通过农业用水方式的转变，引导农业组织方式、管理方式等生产方式的转变，倒逼南疆四地州促进

农业现代化发展。南疆四地州季节性缺水现象更加突出，部分生育用水阶段与南疆天然降水阶段不匹配的农作物，只能依靠农业灌溉。而南疆四地州灌溉方式习惯不区分作物种类，均以大水漫灌为主，渗透浪费严重。研究农业用水情况，促进农民节约用水，是在高效用水前提下，促进农业产业结构调整的重要方式。

二、南疆四地州水资源总体情况及农业用水现状

（一）水资源及其开发利用现状

（1）水资源总量情况（见表4-1）。2019年，南疆四地州水资源总量为293.40亿立方米，占全疆水资源总量的33.72%。其中阿克苏地区水资源总量为57.50亿立方米，占四地州水资源总量的19.60%，水资源总量在全疆14个地州排名第七，人均水资源量在全疆14个地州排名第十。喀什地区水资源总量为75.28亿立方米，占四地州水资源总量的25.66%，水资源总量在全疆14个地州排名第五，人均水资源量在全疆14个地州排名第十一。和田地区水资源总量为99.39亿立方米，占四地州水资源总量的33.88%，水资源总量在全疆14个地州排名第四，人均水资源量在全疆14个地州排名第七。克州水资源总量为61.23亿立方米，占四地州水资源总量的20.87%，水资源总量在全疆14个地州排名第六，人均水资源量在全疆14个地州排名第三。从数据中看出，四地州水资源总量在全疆处于中等偏上水平，和田地区、克州人均水资源总量处于全疆前列。

表4-1　2019年南疆四地州水资源总量情况

	水资源总量 （亿立方米）	水资源总量在全疆 14个地州的排名	人均水资源量 （立方米/人）	人均水资源量在全疆 14个地州的排名
全疆	870.10		3806	

续表

	水资源总量 （亿立方米）	水资源总量在全疆 14 个地州的排名	人均水资源量 （立方米/人）	人均水资源量在全疆 14 个地州的排名
四地州	293.40		17456	
阿克苏地区	57.50	7	2087	10
喀什地区	75.28	5	1570	11
和田地区	99.39	4	3927	7
克州	61.23	6	9872	3

资料来源：2020 年《新疆统计年鉴》。

（2）供水总量和用水总量情况（见表 4-2）。2019 年，四地州供水总量和用水总量均为 284.42 亿立方米，占全疆供水总量和用水总量的 51.3%。阿克苏地区供水总量和用水总量均为 118.09 立方米/人，供水总量和用水总量在全疆 14 个地州排名第一。喀什地区供水总量和用水总量均为 113.49 立方米/人，供水总量和用水总量在全疆 14 个地州排名第二。和田地区供水总量和用水总量均为 42.10 立方米/人，供水总量和用水总量在全疆 14 个地州排名第五。克州供水总量和用水总量均为 10.74 立方米/人，供水总量和用水总量在全疆 14 个地州排名第十一。从数据中看出，阿克苏地区、喀什地区、和田地区供水总量和用水总量位列全疆前五，供水总量和用水总量极多。

表 4-2　2019 年南疆四地州供水总量和用水总量情况

	供水总量 （亿立方米）	供水总量在全疆 14 个地州的排名	用水总量 （亿立方米）	用水总量在全疆 14 个地州的排名
全疆	554.43		554.43	
四地州	284.42		284.42	
阿克苏地区	118.09	1	118.09	1
喀什地区	113.49	2	113.49	2
和田地区	42.10	5	42.10	5
克州	10.74	11	10.74	11

（3）第一产业用水情况（见表4-3）。全疆第一产业用水总量为511.75亿立方米，占全疆用水总量的92.3%。四地州第一产业用水总量为274.25亿立方米，占四地州用水总量的96.42%。四地州第一产业用水总量高于全疆水平4.12个百分点。从各地州看，阿克苏地区第一产业用水量为114.79亿立方米，占用水总量的97.21%，第一产业用水占比在全疆14个地州排名第一。喀什地区第一产业用水量为109.76亿立方米，占用水总量的96.71%，第一产业用水占比在全疆14个地州排名第二。和田地区第一产业用水量为39.74亿立方米，占用水总量的94.39%，第一产业用水占比在全疆14个地州排名第四。克州第一产业用水量为9.96亿立方米，占用水总量的92.74%，第一产业用水占比在全疆14个地州排名第七。

表4-3 2019年南疆四地州第一产业用水情况

地区	第一产业用水总量 （亿立方米）	第一产业用水占比 （%）	第一产业用水占比在 全疆14个地州的排名
全疆	511.75	92.30	
四地州	274.25	96.42	
阿克苏地区	114.79	97.21	1
喀什地区	109.76	96.71	2
和田地区	39.74	94.39	4
克州	9.96	92.74	7

（4）南疆四地州水资源总量、人均水资源量排名在全疆处于中等水平，而用水总量、用水占比和第一产业用水量在全疆处于第一、第二水平。分析其主要原因，南疆四地州气候干旱，农业用水定额高于北疆地区；其次，南疆四地州降水较少，农业用水对灌溉的要求更多；再次，南疆四地州水利设施薄弱，用水效率偏低；同时，南疆四地州农业用水量偏高与其农业产业结

构关联较大。阿克苏地区、喀什地区种植业比例较大，需要的灌溉水量较多，和田地区、克州畜牧业比例较大，用水量相对较少。

（二）主要农作物生产模式及用水情况

当前，农业的生产模式影响着农业灌溉模式及用水情况，分析主要农作物的生产模式及用水情况极为重要。四地州主要农作物生产模式及用水情况如下：

（1）小麦。喀什地区、和田地区、阿克苏地区和克孜勒苏柯尔克孜自治州近70%以上的小麦与果树间作，形成了特有的林果、小麦复合生产模式。从用水角度来看，小麦生育期较长，全生育期总需水量在650~720立方米/亩。全生育期膜下滴灌水肥一体化技术灌溉下，小麦总需水量可节省100~120立方米。

（2）棉花。南疆四地州是我国重要的优质棉产区，占全疆棉花播种面积的36.48%，棉花灌溉用水需求较大。根据棉花的需水特性，其需水期正处于南疆四地州丰水期，可以有效利用河流水。常规灌水棉花全生育期总需水量650~660立方米/亩。在使用膜下滴灌技术后，全生育期需水量550~600立方米/亩。

（3）林果。近年来，林果逐渐成为南疆四地州支柱产业，主要有苹果、红枣、核桃等十余个种类，林果对水的需求较大。常规灌水情况下，红枣、核桃、巴旦木等果树年需水量在720~850立方米/亩，苹果等果树年蓄水量在900~1000立方米/亩。使用滴灌水肥一体化技术后，红枣、核桃、巴旦木总需水量在700~750立方米/亩，苹果总需水量在800~900立方米/亩。

（三）农业节水灌溉情况

节水农业是解决水资源供需矛盾，促进水资源可持续利用、经济社会可持续发展和生态环境改善的重要途径。四地州节水灌溉式主要以微灌、喷灌为主。大棉花种植主要采取膜下滴灌水肥一体化技术模式，小麦和玉米等粮食作物主要采取移动式滴灌技术模式，大部分的果树采取涌泉灌技术模式。从各区域来看，东疆节水灌溉率最高，北疆次之，南疆节水灌溉率最低。根据《新疆统计年鉴》数据显示，2019年，北疆主要地州节水灌溉面积占农作物播种面积的75%以上；南疆主要地州节水灌溉面积占农作物播种面积的75%以下，田间建设项目进展相对滞后，阿克苏地区节水灌溉面积409.21千公顷，占农作物播种面积的47.73%；和田地区节水灌溉面积为186.57千公顷，占农作物播种面积的78.51%，已建农业高效节水建设区域主要分布在近年来新建的农业开发区及绿洲边缘开发区域，建设管理主体主要是种植大户和涉农企业；克州节水灌溉面积为24.12千公顷，占农作物播种面积的31.88%，高效节水工程大部分安排在草料基地、山坡绿化、设施农业及大户种植的经济作物农田中；喀什地区节水灌溉面积为293.73千公顷，占农作物播种面积的29.12%，高效节水面积主要安排在种植棉花及其他单一经济作物地块中，部分高效节水工程安排在林果套种玉米和小麦农田中。

三、水资源开发利用及农业用水存在的主要问题

南疆四地州水资源在开发利用过程中仍然存在用水总量居高不下、用水结构还需调整、用水效率有待进一步提高等诸多问题。

（一）农业用水量大，用水效率和用水效益偏低

南疆四地州用水总量居高不下的主要原因是农业用水量大，没有灌溉就没有农业，农业是最大的用水户。南疆地区由于耕地质量不高、质地偏沙，土壤保水能力差，并且土壤盐碱化严重，每年需要大量的水进行压减，再加上农业节水意识不强、田间浪费严重，农业用水量更大。2019年，南疆农业用水量占南疆经济社会发展用水总量的96.42%，生态用水量仅占南疆地区用水总量的2%，农业用水呈现居高不下的势头，用水效率和效益偏低。过度

的水资源开发、水资源利用效率低下挤占了南疆生态用水，对南疆的生态平衡造成较大威胁。

（二）水利设施建设滞后，供水能力有待提高

由于长期以来经济发展滞后，财政收入偏低，投融资发展较慢，资金不足造成水利基础设施欠账较多。一是大型水利设施短缺，控制性水利设施建设不足，大中型水库偏少，季节性蓄水、调水能力有限；二是田间高效节水工程建设滞后，南疆地区高效节水工程起步晚，项目推进相对北疆进展较缓，渠道防渗能力较低，总体防渗率仅为25%，部分县市灌溉水利用系数仅为0.4，灌溉用水输送途中损耗较大，防渗能力有待进一步加强。

（三）分散式土地经营方式不利于节水灌溉

南疆四地州虽然积极推进适度规模经营，但农业生产方式仍以分散经营占主导地位，土地规模化、集约化经营水平不高，分散式土地经营方式与田间高效节水技术所要求的规模化、集约化经营管理不相适应。尤其是四地州老灌区主要以户为单位分散性生产经营，组织化程度很低，新型农业经营组织没有切实发挥作用，龙头企业带动上下游行业的作用不强；专业合作社小而分散，企业化运作机制合作社少，各种土地股份、草畜联营及设施农业、农机灌溉、休闲农业、农村电商等专业合作社的实际有效运作比例低。生产方式较为粗放，间作套种不科学，林粮、林棉间作矛盾加剧，田间管理不统一。四地州农户土地以田埂为界划分成小田块，造成田块不规整，有的一个田块里有多家农户种植着多种农作物，对节水灌溉设备的使用造成不便，且多数地方尚未配齐滴灌设备及软管，农户习惯性采取大水漫灌模式。这些因素都极大地阻碍了节水灌溉技术的实施和节水灌溉效益的实现。

（四）节水灌溉存在较大空间

南疆四地州田间高效节水工程建设与北疆和东疆相比，差距较大，节水

农业也发展较慢，大都使用传统灌溉方式，无法根据作物需水量、需水周期等进行科学管理，甚至很多灌区多次重复灌溉，造成水资源浪费现象严重。从阿克苏地区、和田地区、克州、喀什地区节水灌溉面积占农作物播种面积数据来看，存在较大的节水空间。南疆地区对高效节水设施的运行维护不够，已建成的高效节水灌溉面积约有30%不能正常运行，节水设施不足和节水资金浪费现象并存。

（五）农民群众对节水灌溉认识不足

南疆四地州节水灌溉技术的推广和应用相对北疆和东疆地区滞后。南疆四地州农民群众收入来源单一，农业生产水平偏低，对节水灌溉技术认识不足。部分林果种植者普遍认为微灌、滴灌等灌溉方式灌溉量少，不能满足果树生长需水，影响果树产量，降低经济收入。部分农民群众对节水灌溉系统建设、适宜的灌溉运营管理模式不关注，水资源危机意识淡薄，且水价较低、计收方式单一，水权交易市场不健全，农户无法通过水权交易而获得进行灌溉节水技术变革的经济激励，农民群众存在大水漫灌深灌现象，难以落实实际的定额灌水，致使南疆四地州节水灌溉系统运行效率较低，难以发挥效益。

四、南疆农业用水合理利用的对策建议

（一）补齐节水设施短板

从上述分析中可以看出，南疆地区节水设施相对不足，节水空间较大，应以南疆为重点，补齐水利投入，加强节水设施建设。一是着力推进大中型灌区水利工程配套、高标准农田建设、节水灌溉、中低田改造、农业综合开发等方面的短板，对农田水利基础设施进行改造。二是推进灌区骨干渠系到田间工程之间的支渠、斗渠渠道防渗，减少用水运输损失。三是加快发展高效节水灌溉,南疆四地州加强高效节水设施建设,扩大高效节水农田面积。努力在小麦、棉花以及红枣、核桃、巴旦木等林果种植方面,提高滴管、微灌等高效节水技术措施利用效率,扩大水肥一体化技术应用面积,力求高效节水灌溉取得新突破。

(二)发展农业适度规模经营,优化农业种植结构

南疆地区土地流转滞后,很多县市一个田块可能分属于好几家农户,并且农户都种植着不同的作物,无法按农作物的需求用水,无法做到科学合理用水。推进农业用水合理化,按照农作物生育期适当用水,需要发展农业适度规模经营,优化农业种植结构。一是在农作物品种布局上,引导四地州县市稳妥推进土地置换,或土地流转,在同一田块尽量种植同种类、用水周期接近的作物,便于根据农作物生育期统一灌溉。二是优化农业种植结构,主要种植作物是小麦、玉米、棉花、林果。棉花方面,优化区域布局,重点扶持和发展好优势棉区和宜棉区;粮食方面,南疆地区解决好林粮间作矛盾,研究适合林粮间作的供水模式;林果方面,推进高效科学节水配水。

(三)加快农业水价综合改革步伐,提高农业用水效率

为提高农业用水效率,新疆积极推进农业水价综合配套改革,在渠系和配套供水计量设施建设、分类水价和超定额累进加价终端水价机制建立、初始水权分配、水利工程产权制度改革以及高效节水增收试点等方面取得了较大成效,但南疆四地州改革较慢。下一阶段,南疆地区要积极开展水价改革试点。重点改革任务方面,一是进一步加快供水计量设施体系建设,完善全疆计量设施;二是在农业水价综合改革地区大力推广农业高效节水,优先安排高效节水灌溉项目;三是扩大确定初始水权的范围,推动更多地(州)、县(市)结合实际确定灌溉用水定额,确定本地农业初始水权到村、农业用水组织和农户;四是创新用水管理制度,提高水利工程运行效率;五是支持

参与改革的县市安排专门的财政资金用于建立用水精准补贴和节水奖励政策，提高用水农业合作社和农户参与农业用水改革的积极性；六是积极稳妥扩大南疆地区农业高效节水增收试点，探索符合南疆地区的农业水价综合改革模式，逐步提高南疆地区农业用水效率。

（四）开展节水宣传，培养农民节水意识

高度重视农业节水工作，加强农业节水宣传，提高农民对农业节水重要性的认识，促进农民自觉节水。特别是在南疆四地州通过农业技能培训等项目，向广大农民讲解水权的含义，水权分配的原则、目的，加深广大农民对初始水权分配的理解，使农民意识到南疆地区是水资源短缺地区，传统大水漫灌方式是对水资源的极大浪费。同时加强对南疆广大农民节水灌溉政策和技术知识的培训，引导农民建立节水灌溉的意识。

第三节　加快推动南疆四地州农业供给侧结构性改革

农业在维护新疆社会稳定和长治久安、促进贫困农民脱贫增收等方面有重要的支撑作用。自治区党委、人民政府结合新疆区情，抓紧落实中央推进农业供给侧结构性改革精神，提出农业和农村经济工作的主线是大力推进农业供给侧结构性改革。2016 年 1 月，自治区先后召开党委经济工作会议、自治区党委农村工作会议，对新疆的农业供给侧结构性改革做出安排部署。时任自治区党委书记陈全国同志在自治区第九次党代会的报告中强调，要扎实推进供给侧结构性改革，坚定不移"去产能、去库存、去杠杆、降成本、补短板"，扩大有效供给、释放有效需求，促进经济结构调整和发展方式转变。

自 2015 年中央农村工作会议第一次提出推进农业供给侧结构性改革、提高农业供给质量和效率，保障农产品有效供给以来，农业供给侧结构性改革就成为学术关注的焦点。针对国内农业供给侧结构性改革，2015 年底至 2016 年初，研究的重点集中在农业供给侧结构性改革的概念、内涵以及农业供给侧改革的解读等方面。2016 年以来，集中探讨农业发展中存在的问题、推进农业供给侧改革的措施、路径及建议，以及金融等生产要素支持农业供给侧结构性改革的相关研究。江维国、李立清（2016）提出我国农业供给侧主要存在制度滞后与缺失并存、农业技术创新有待提升、农业劳动者整体素质偏低、土地流动难度大、资本要素不足等问题，他们认为需从制度创新、技术创新、提升劳动力素质、完善土地流转机制、加强金融支持等方面改革创新，推动农业供给侧改革。孔祥智（2016）认为农业供给侧改革的着力点在于土地制度改革、农业结构调整和粮食体制改革。许瑞泉（2016）认为经济新常态下我国农业发展主要存在两方面的问题：一方面是我国粮食结构性矛盾突出，粮食品种的农业供给侧亟待适当调整；另一方面是我国农产品质量和竞争力欠缺。他提出，解决农业供给侧存在的相关问题，从而提高农业供给体系质量和效率、提高农业国际竞争力、提高农业生产能力和农民有效收入，需要从提高人口素质、推动科技和制度创新、实施农业品牌战略、完善土地流转机制、推动产业融合方面着力推进。郑风田（2016）提出，我国推进农业供给侧改革主要是基于消费者对农产品品质要求大幅度提升、粮食的相对过剩与"产量、进口量和库存量"三量齐增问题凸显，他认为推进我国农业供给侧结构性改革，需从提升农产品质量、提高农业全产业链收益、推行绿色生产方式、调整农业结构、发展适度规模经营、建设农产品优质生产功能区、加快科技创新等方面着手。

新疆农业生产也存在上述专家学者提出的问题，但新疆特别是南疆四地州农业还存在农业基础薄弱、科技水平低、适度规模经营不足、处于少数民族地区等特点，更需要推进农业供给侧改革解决南疆四地州农业问题。深入分析研究新疆农业供给侧结构性改革面临的制约因素和问题，有针对性地提出减少农产品无效供给、扩大农产品有效供给，提高农业供给侧结构的适应性和灵活性，使农产品供给体系更好地适应需求变化的途径与措施，有利于加快转变南疆农业发展方式、促进农业提质增效。

一、农业供给侧结构性改革的必要性

改革开放以来，南疆四地州围绕推进现代农业建设、转变农业发展方式、优化工业结构取得了显著成效，为保障新疆粮食自给和国家粮食安全，保证城乡居民农副产品有效供应，促进农业增效、农民增收及农村发展做出了重要贡献，为经济社会发展大局提供了有效支撑。但同时也必须看到，南疆四地州农业发展中也积累了一些矛盾和问题，农业的结构性矛盾逐步显现，亟待推进农业供给侧结构性改革。

（一）有效提升农业生产经营收益的需要

近年来，南疆四地州农业生产成本持续攀升，现代农业发展面临生产效益下降、农民增收乏力等问题。以小麦、玉米、棉花生产为例，因人工、农资投入品等价格的上涨，小麦、棉花的亩均成本不断提高，小麦、棉花亩均产值均呈现下降趋势，农业生产效益降低。2019 年，全疆棉花每亩单产减少1.7%，每亩净利润减幅达 321.34%①。2020 年，根据全疆生产成本收益调查结果显示，小麦每亩单产下降 1.61%，每亩净利润减亏 45.61%。农产品价格总体下跌，农民家庭经营亏损额进一步扩大，加上部分惠农补贴下调，农

---

① 资料来源：新疆维吾尔自治区发展改革委网站。

民增收难度加大。由此，实现有效益生产是当前迫切需要解决的问题，围绕实现农村全面小康的目标，迫切需要构建现代农业产业体系推进农村一、二、三产业融合发展，促进全要素生产率和农业产业综合素质稳步提升，降本增效，增加农业生产经营效益。

（二）促进农产品有效适应消费结构加快升级、实现市场导向生产的需要

随着城乡居民人均可支配收入的增加，居民消费结构逐渐升级加快，消费需求多样，对农产品质量、品质及口感等要求更高，中高档农产品与食品消费市场潜力巨大，农业观光旅游休闲服务产品需求日益增长。而现实是，农产品品质较低，优质高端品牌欠缺，虽然当前新疆农产品市场总体平淡，但优质品牌的销路好、价格高。南疆四地州迫切需要创新农产品供给方式，增强供给结构的适应性和灵活性，不仅要满足数量上的要求，更要在结构、品种、品质、质量等方面适应消费需求出现的新变化，使供给更加契合消费需求。

（三）在保证农产品有效供给前提下缓解资源环境压力，实现可持续生产的需要

南疆四地州土地面积广，耕地面积少，人均耕地面积不足 3 亩，在耕地利用上重用轻养、重产出轻投入，土壤有机质含量不足。水资源时空分布不均，季节性缺水现象严重，农业用水利用率偏低，水资源浪费严重。农业面源污染问题突出，化肥利用率偏低，过量、不合理的化学肥料残留在土壤水体中，造成土壤肥力下降，地膜使用也造成农田污染。农业发展逐渐出现资源环境透支，迫切需要转变农业发展方式，实现资源节约、环境友好和生态良好的可持续发展。

二、改革开放以来南疆四地州农业供给情况分析

改革开放以来，农业经济体制改革不断推进，纵观农业经济体制改革历程，每一次改革都离不开市场需求的引导。总结农业经济体制改革，历次改革推进都积累了一定经验，对我们当前推进农业供给侧结构性改革有重要的指导作用。

第一阶段，由总量不足到努力提高农产品产量阶段。1978~1995年，农村家庭联产承包责任制在全疆范围面推开，农民有了经营自主权，生产积极性空前高涨，农村生产力大幅提高。农业发展方向主要是解决粮食供给不足、农产品供给结构单一问题。1978~1985年，全疆粮食产量由370.01万吨增加到496.65万吨，七年间年均增长4.29%，创造了当时全疆粮食连年丰产增收新纪录，解决了新疆粮食长期严重短缺、农民吃不饱饭的问题，完成了以解放生产力、提高农业生产效率的农业经济体制改革。1990年全疆粮食产量增加到676.89万吨。随后五年，伴随全疆粮食持续增产，粮食供给开始出现相对过剩和卖粮难问题。在这种大背景下，新疆当时提出积极发展多种经营，全疆农业单一的粮食生产结构逐渐打破。棉花、西甜瓜等经济作物种植面积不断增加，种植业结构趋向多样化，市场农产品供给日益丰富。棉花的种植面积和产量大幅提升，粮食的种植面积适当调减。棉花种植面积占农作物播种面积比从1990年的14.61%增加到1995年的52.21%，棉花产量从1990年的46.88吨增加到1995年的93.50万吨，产量增加了99.45%。1995年，全疆粮食种植面积占农作物播种面积的52.21%，与1990年61.31%的播种面积相比，少了9.10个百分点，粮食种植面积虽然略有下调，但粮食总产量增加了7.87个百分点，粮食种植效率有所提高。农业供给结构完成了由粮食供给相对不足到粮食供应充足调整，由粮食生产独大向粮、棉作物的多元化生产

调整。1978~1995 年主要农作物种植面积情况和主要农产品产量如图 4-1 和图 4-2 所示。

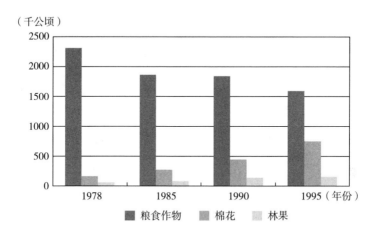

图 4-1 1978~1995 年主要农作物种植面积情况

资料来源：新疆统计局．新疆五十年［M］．北京：中国统计出版社，2005.

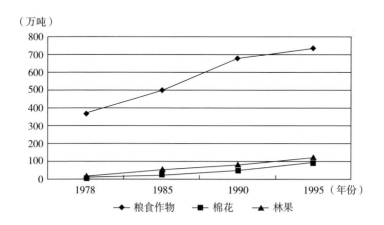

图 4-2 1978~1995 年主要农产品产量

资料来源：新疆统计局．新疆五十年［M］．北京：中国统计出版社，2005.

第二阶段，农产品多元化和产量大幅提升调整阶段。1996～2014 年，人民生活水平日益提高，以谷物为主要消费品的农产品市场逐渐无法满足广大人民群众的需求。新疆根据时代特征，坚持推进在市场需求引领下进行的农林牧结构调整。全面推进粮食、棉花、特色林果业、设施农业和区域特色农业发展，农业生产结构由粮食、棉花占主要地位向粮食、棉花、特色林果业、设施农业和区域特色农业全面发展转变，供给结构发生了重大变化，市场农产品供给逐渐丰富，农业经济发展取得了明显成效。至 2014 年，农林牧渔业总产值为 2744 亿元，2005 年至 2014 年 9 月年均增速达 6.86%。粮食生产实现 "七连增"，实现了 "全区平衡，略有结余" 目标。棉花产量达到 451 万吨，单产、总产、商品调拨量等居全国首位。特色林果面积达到 1425 万亩，产量达到 858.6 万吨①，已形成四大林果主产区和六大产业集群，林果业发展迅速。畜牧业综合生产能力不断提升。设施农业快速发展。绿色、有机特色农产品生产基地和加工业基地已经形成市场竞争优势。新疆已成为国家重要的棉花、林果、肉类和以加工番茄为代表的特色农产品生产基地。这个阶段，农产品得到极大丰富，新疆以农业产业结构调整为重点，推进农业发展方式转变，促进农业一产转型升级的农业产业结构性调整取得了较大成绩。2000～2015 年新疆粮食作物播种面积、2007～2015 年新疆粮食作物产量分别如图 4-3 和图 4-4 所示。

　　第三阶段，农产品供给普遍过剩、有效供给不足阶段。2014 年，经济发展进入新常态，粮棉等主要农产品价格持续下跌，农业市场和资源双重约束加剧，农业增效和农民增收难度明显加大，需要加快推进农业供给侧结构性改革。面对新形势新任务，自治区提出加快转变农业发展方式、大力发展现代农业，在已经形成的粮棉果畜产业格局基础上，着力推进 "稳粮、调棉、

---

　　① 数据来源于历年《新疆统计年鉴》。

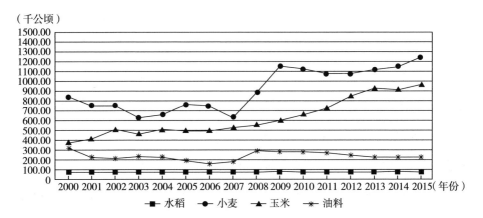

图 4-3 2000~2015 年新疆粮食作物播种面积

资料来源：2016 年《新疆统计年鉴》。

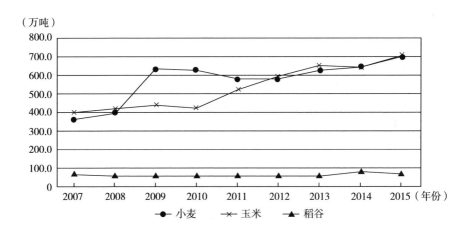

图 4-4 2007~2015 年新疆粮食作物产量

资料来源：2016 年《新疆统计年鉴》。

优果、兴畜"。2014 年，为解决棉花供给过剩，新疆实施棉花目标价格改革试点。四年来，自治区各地各部门紧密协作，各市场主体积极参与，棉花目标价格改革试点取得了显著成效，得到了国家和社会各界的广泛认可。至

2017 年，新疆粮食产量实现十连增，粮食价格偏低，粮价出现倒挂，销售困难，各地粮食仓容明显不足，自治区正着手进行粮食流通体制改革。棉花目标价格改革标志着以调整农业生产结构、提高农业生产效益，促进一产上水平为重点的新疆农业供给侧结构性改革掀开了农业经济体制改革新篇章，也反映了新疆农业供给侧结构性改革的紧迫性，对新疆农业的健康发展和当前深化农业供给侧结构性改革具有重要的启示意义。2018 年针对粮食库存高企的实际情况，全疆积极推进农业供给侧结构性改革，大力调整农业种植结构，主动下调小麦指导性种植计划。2018～2019 年，全疆小麦生产总体呈现"单产增、品质好、面积减、总产减"态势。

从改革开放以来新疆推进农业供给侧结构调整的历程可以看出，结构调整始终贯穿在新疆农村改革发展和农业现代化建设全过程，围绕推进结构调整这条主线，带动了农业生产经营方式的变革，有力地促进了农业增效和农民增收。在经济新常态背景下，自治区坚决落实中央农业供给侧结构性改革精神，提出当前和今后一个时期，农业和农村经济工作的主线是大力推进农业供给侧结构性改革。

三、推动农业供给侧结构性改革的措施建议

（一）增强政策对农业生产的指导作用

一是调整农业补贴政策支持方向。农业各种补贴依据农产品生产现状进行动态调整，补贴政策的调整方向应由引导扩大生产规模、提高农产品产量转向保证供给的前提下，引导农产品优质优价，提高农产品质量，由过去主要对农产品的价格直接补贴转变为对耕地生产能力提高与增强的补贴。2014年国家出台了对新疆的棉花进行价格形成机制和补贴方式的改革，这种农产品直接补贴政策调整措施取得了一定的效果。其他不适应当前农业生产发展

现状的补贴政策也应适当调整。二是推进惠农资金整合工作。梳理改善过去系列强农惠农补贴政策，允许县域强农惠农资金整合统筹运用，允许惠农资金用在支持农业产业、农产品加工业等发展方面，加强对各县市各项惠农补贴资金使用的监管，使各项惠农资金真正起大作用，促进当地农业提高农产品品质。

（二）扩大农产品有效供给

推进优势产业向优势区域集中，按照农作物适宜环境，逐步将农产品调整到最适宜生产的区域，构建生产生态协调的区域结构。粮棉方面，通过结构调整，解决粮食滞销问题，巩固优质粮食生产能力，加强高产能高效粮田建设，调减低产能低效粮食种植面积；突出发展优势高产棉区，进一步逐步退出次宜棉区、风险棉区，退出面积根据水资源状况发展饲草料种植。特色林果方面，根据主产地情况，在全疆范围内合理构建生产布局，在适宜生产地强化优质林果标准化基地建设，发展多业态林果产品营销模式，努力提高特色林果品质。畜牧业方面，根据各地州（县、市）特色，调整畜群结构，引导扩大饲草料种植，尽快形成粮经饲三元种植结构，在畜牧生产优势区域，挑选优良品种建设规模肉牛肉羊、生猪养殖场。

（三）提高农产品转化率

一是全面提升农产品加工业。尽快研究制定加快新疆农产品加工业发展的政策性措施，推动新疆农产品加工业扩大规模和转型升级。以园区、城镇为载体引导农产品加工业集聚发展，建立农产品初加工基地，支持新疆发展农产品加工业，提高农产品初加工生产水平，逐步解决精深加工的瓶颈技术，不断推进农产品加工向深层次发展。利用政策优势，加大招商引资力度，引进有基础、有潜力的大型龙头企业，带动新疆农产品加工业发展。二是拓展农业多种功能。在确保粮食安全的底线前提下，推进粮经饲统筹、农林牧渔结合、种养加一体、一二三产业融合发展，扩展农业多功能。重视推进农业生产与农产品加工、流通、旅游、教育、文化、健康养老等产业深度融合发展，积极打造休闲农业、创意农业、戈壁农业、农家乐、渔家乐，培育新产业、新业态，吸引更多的城市人群下乡消费体验，带动农民就业增收。

（四）大力培育农产品品牌

一是立足提升质量，大力培育农产品名优品牌。新疆区级政府部门首先应担当品牌建设的主体责任，做好农产品品牌建设规划，建立农产品品牌建设补贴机制，打造几个重点品牌。其次，加强农产品标准化建设，增加农产品品牌的建设投入，协调企业与农户的关系，保障品牌农产品供应。再次，实施优质农产品品牌建设战略，将新疆优质小麦、葡萄、红枣、哈密瓜等农产品打造成世界级农产品品牌。二是健全完善营销物流体系，拓展农产品市场。运距远、冷链物流不发达等是新疆鲜食农产品效益不高的重要因素。首先，建议新疆转变农产品补贴方式，梳理各项惠民补贴，将"粮食直补"等原来"补价格"的部分资金酌情补贴到运输上来，进行运费补贴，建立运费补贴机制。其次，加强新疆的冷链物流建设，抓紧推进新疆通用机场建设，尽早发挥通用航空在农产品运输方面的快捷作用，开通疆内至疆外农产品货运班列，全面提高农产品货运能力。

（五）推进农业制度创新

不断完善现代农业产业体系、生产体系和经营体系，大力发展农业专业化、社会化服务组织，推进农业的规模化经营、精细化管理和精准化施策，构建促进现代农业发展的新型运行机制。大力推进农村土地制度改革、集体资产股份化改革、农村金融改革和农业农村保险业的发展，探索和建立农业资源配置、农民多渠道增收、农村集体经济发展、农业多渠道投入、农业风险有效防控的市场化新机制。积极推进外向型农业发展，进一步深化和推动农业开放发展，大力支持符合条件的农业企业"走出去"，在国外建立农产品生产基地，逐步形成新疆农业国际化的新渠道、新机制和新态势。

第五章　地区案例

第一节　喀什地区

一、农业产业结构现状

长期以来，喀什地区坚持以市场为导向，全面优化农业区域结构、产业结构、品种结构，推动构建现代农业产业体系、生产体系、经营体系。根据喀什地区数据显示[①]，2016～2020年，全年实现地区生产总值由2016年的759.8亿元增长到2020年的1130.2亿元，年均增速（现价）10.4%；第一产业增加值由2016年的260亿元增长到2020年的324.5亿元，年均增速5.7%。地区生产综合和第一产业增加值持续增长，第一产业在产业结构中的比例不断降低，由2016年的34.2%降至2020年的28.7%。

2016年以来，喀什种植业多元化结构逐渐形成。粮食种植面积趋稳，按照提高粮食单产、提升粮食品质的思路，粮食产量做到了区内平衡、自给有余。棉花种植坚持优化布局，退减面积，加快推进棉花生产标准化种植和生产全程机械化，降本、提质、增效效果明显，棉花种植面积基本稳定。2016～2019年，以西甜瓜、蔬菜、中药材等为主的高效特色作物面积由70.32万亩迅速增长到153.31万亩，初步形成"一片一特色、一村一品、一乡一业"特色产业发展格局，种植业结构优化促进效益提升。2019年底，全地区蔬菜生产面积为74.49万亩，总产量204.31万吨。其中，露地蔬菜生产

---

① 　2016～2019年为《新疆统计年鉴》数据，2020年《新疆统计年鉴》尚未公开，故2020年数据为喀什地区统计公报数据。

面积 63.04 万亩，总产量 170.75 万吨；设施蔬菜面积 7.78 万亩，总产量 22.66 万吨，其中大拱棚生产面积 5.90 万亩，总产量 17.07 万吨，日光温室生产面积 1.88 万亩，总产量 5.59 万吨。西甜瓜生产面积为 68.55 万亩，总产量 183.5 万吨，其中西瓜生产面积 37.74 万亩，总产量 104.63 万吨；甜瓜生产面积 30.81 万亩，总产量 78.86 万吨。农业品牌创建不断深化，绿色食品、有机农产品、地理标志农产品认证的辐射面积不断增加；"叶城核桃""莎车巴旦姆""麦盖提灰枣""喀什葡萄""喀什石榴""伽师瓜"等多个区域公共农产品品牌获批。农业产业化经营水平加快提升，全地区现有农副产品加工龙头企业数量大幅增加，"村收购、乡中转、县配送"蔬菜等农产品促销体系加快构建，农产品分等分级分拣、计量包装、冷藏保鲜等设施更加完善。

农村改革取得重大进展。完成了全地区农村土地确权颁证，截至 2019 年底，喀什地区已完成土地确权总任务，多数县市农村土地确权颁证工作通过自治区验收。全地区积极新建农民合作社，清理"空壳社"，农业经营方式不断创新。

二、存在的问题

全地区农业发展总体呈良好发展势头，但也存在着农业产业化发展仍然滞后，产业带动能力不强，产前优质品种引进、培育、推广重视不够，产中服务质量不高，产后市场开拓不足的问题。

一是种植业产业结构还需要优化。"林粮间作"种植模式面积大，占小麦面积的 70% 左右，林粮、林棉争肥、争水矛盾导致小麦、棉花、林果产量下降，品质受到影响，口粮安全和饲料安全存在隐忧。蔬菜种植面积少，尤其是深冬蔬菜生产能力严重不足，致使每年冬季本地消费蔬菜 80%

从内地调入。

二是农业科技力量薄弱。农业科技带头人、学科技术人才匮乏，现有技术人员主要为推广和服务类人员，产学研自主创新能力弱，致使新技术、新品种、新机械难以引进推广。

三是农产品加工转化能力不强。全地区农副产品加工龙头企业起步晚、规模小、数量少、科技含量低，加工转化能力不足，产业化、市场化程度不高，融资能力差，经济效益较低。冷链保鲜业、农村服务业等农村二三产发展滞后，有技术、有实力、有加工转化能力，辐射带动面广，市场开拓潜力大的农业产业化龙头企业引进难，助农增收作用不明显。

四是农业防灾减灾能力较弱。喀什生态环境脆弱，自然条件恶劣，资源承载力差，土地沙漠化、耕地盐渍化严重，每年大风、低温、冰雹等各类灾害高发频发，是全疆乃至全国自然灾害发生率最高的地区之一，自然灾害给农业生产造成较大损失。农业灌溉水利用系数及水资源利用率低，呈现春旱、夏洪、秋缺、冬枯的状况。

三、喀什地区农业产业结构调整思路

坚持以市场为导向、可持续发展、质量取胜原则，立足多样化、优质化市场需求，突出区域特色，合理有效地利用农业资源，大力优化品种和品质结构，全面提高优势特色农产品质量。

（一）优化种植业产业布局

按照"宜粮则粮、宜棉则棉、宜果则果"的原则，稳定粮食、优化棉花、增加蔬菜、振兴林果，划定粮食、棉花、蔬菜、特色经济作物、林果生产功能区，推进农业提质增效。粮食方面，实施藏粮于地、藏粮于技战略，稳定面积，主攻单产，增加总产。棉花方面，深化棉花目标价格改革，

引导农民分步有序退出次宜棉区和低产棉区，建立优质棉主产区，重点培育发展优势高产棉区。蔬菜方面，发展以疏勒县为中心，辐射带动喀什市、疏附县"一市二县"保护地露地蔬菜功能区建设。大力发展设施蔬菜，扩大"春提早、秋延晚"设施蔬菜种植规模，提高深冬设施蔬菜生产技术水平。特色经济作物方面，坚持以市场为导向，积极发展以伽师瓜、岳普湖卡拉库赛、麦盖提老汉瓜、莎车荒地瓜、巴楚留香瓜等特色甜瓜产业，甜菜、小茴香、万寿菊等特色作物种植业。林果业方面，巩固发展核桃、巴旦木等可持续发展的特色优势干果树种，积极培育新梅、樱桃、杏李等特色林果树种，稳妥发展区域内有一定市场需求的桃、葡萄、苹果等鲜食树种，因地制宜适度发展具有调节补充果品市场需求的石榴、无花果等地方特色树种，建设一批绿色有机林果生产基地。畜牧业方面，在保障市场消费需求的同时，大力发展生态高效循环畜牧业，加快畜牧业良种繁育中心建设，促进肉、奶、蛋产业健康发展，构建粮草兼顾、农牧结合、生态循环的新型种养模式。

（二）提高农业支撑保障能力

深入实施创新驱动发展战略，逐步构建面向现代农业发展、具有较强竞争力的新型农业科技创新体系，以科技创新引领农业高质量发展。围绕加快建设现代农业的要求，不断提高农业机械化水平，稳步推进基层农业技术推广体系改革与建设，加强种子工程、植保工程、农产品质量安全检验检测体系建设工程、标准农田建设工程、高效节水工程、土壤肥料水体系建设工程、农村清洁工程等基础设施建设，强化农业综合执法能力建设，夯实农业基础支保障能力。强化各类农业科技资源整合和集成，积极引进对喀什地区现代农业产业发展有重大影响的创新科研团队和高层次农业科技人才。探索建立"创新团队+基层农技推广体系+新型职业农民培育"的新型农业科技服务模式。建立成果转化激励机制，加快农业科技成果推广和转化应用。创新农产品优质高效安全生产技术，建立从农田到餐桌的全程质量控制技术体系。深入实施现代种业提升工程和农业良种工程，以种植业、林果业、畜牧业为重点，挑选、培育适合喀什发展的优良品种。推进互联网、云计算、大数据、移动互联、"一体化平台"等技术在农业领域的应用，建立农业数据智能化采集、处理、应用、服务、共享体系，实现生产全过程可监可控、风险预警和决策辅助，打造智慧农业技术应用示范样板。

（三）健全现代农业经营体系

发展多种形式适度规模经营，实施新型经营主体提升工程，培育现代农业发展的主力军。推动龙头企业做大做强，鼓励企业完善法人治理结构，建立现代企业制度，支持发展产业联盟，通过兼并重组、强强联合，组建大型企业集团，推进集群集聚发展。发挥农民合作社纽带作用，推进农民经营合作组织创建，引导农民经营合作组织按产业链、产品、品牌等组建联合社。吸引青年返乡下乡创业，鼓励应届、历届大学毕业生、外出务工农民、贫困户劳动力等回乡创办家庭农场，引导有一定规模的专业大户向家庭农场转型。支持家庭农场领办合作社，具备条件的向公司制企业发展。

（四）完善农业社会化服务体系

积极发展农业生产性服务业，培育多元化农业社会化服务组织，把经营性和公益性服务结合起来。依托基层农技推广等公益性服务机构，在病虫害防控、农业技术指导与培训等方面搞好服务。推动有经济管理服务职能的部门，向农村延伸农资供销、农机作业、农机维修、土地托管、统防统治、烘干储藏等服务职能，打造为民服务综合平台。鼓励经营性服务组织为农民提供产前、产中、产后全程服务。开展农业社会化服务示范县创建活动，制定完善农业社会化服务标准，规范服务行为。支持以农业社会化服务龙头企业为依托，建设"农村综合体"。推进实施"优质粮食工程"，发挥粮食流通对生产和消费的引导作用。

（五）促进小农户和现代农业发展有机衔接

处理好发展农业适度规模经营和扶持小农户生产的关系，把小农生产引入现代农业发展轨道。不断改善小农户生产条件，支持开展农业基础设施建设与管护，提高抵御自然风险能力。发展多种形式的联合与合作，提升小农户组织化程度，运用农超、农社等产销对接模式，引领小农户对接市场。鼓励新型农业经营主体与小农户建立契约型、股权型利益联结机制，发展设施农业、精准农业等现代农业新业态。支持各类为农服务组织采取土地托管、代耕代种、牲畜托养等方式，面向小农户提供生产性服务。加强工商资本租赁农户承包地的监管和风险防范，健全资格审查、分级备案、风险保障金制度，维护小农户权益。

第二节　和田地区

一、农业产业结构现状

"十三五"以来，和田地区以"改造提升传统农业，开拓创新现代农业"为方向，坚持走"绿色、有机、特色、品牌"之路，不断调整农业产业结构。种植业方面，"林粮间作"模式下，随着果树长大，粮食面积逐步退减，粮食产量逐年下降，2015~2019年，全地区粮食播种面积下降22.57%，粮食总产量下降24.74%，亩均单产下降2.81%。棉花方面，棉花种植面积逐年调减，主要原因是全地区调整种植结构，大力发展饲草和特色蔬菜，2015~2019 年，全地区棉花播种面积下降 81.56%，棉花总产量下降 80.29%，棉花亩均皮棉单产增长 6.8%。按照"一乡一业、一村一品"要求蔬菜生产方面大力发展胡萝卜、白菜、辣子等蔬菜产业。按照"小布局、大产业"区域特色，大力发展玫瑰花、山药、恰玛古、雪菊、中药材等特色种植。2015~2019 年，全地区蔬菜种植面积同比增长 128.56%，蔬菜总产量增长 138.72%，特色农作物种植面积增长 68.5%。粮、经、草种植结构由 2015 年的 71：19：10 调整到 2019 年的 56：28：16。

畜牧业不断向集约化规模化发展，大力推进标准化规模养殖，培育畜牧产业园区经济，推动畜产品供给与需求相适应。畜禽饲养规模、畜产品产量、特色养殖规模逐步扩大，企业集团、民间资本不断投入现代畜牧业建设，已引进的新疆昆天生物股份有限公司多胎肉羊产业、新疆昆仑尼雅生态农牧发展有限公司和田黑鸡产业、昆和鸽业有限公司鸽子产业发展已初见成效。畜禽饲养规模不断扩大，2019 年末，牲畜存栏 407.77 万头，同比增长 0.5%；牲畜出栏 325.04 万头，同比增长 1.3%。畜产品产量稳定增加，在出栏数量稳定增长的前提下，各种肉类产量均保持较快增长。2019 年末，肉类总产量 9.43 万吨，同比增长 23.4%；奶类产量 2.41 万吨，同比增长 15.8%。特色养殖快速发展，具有地方特色的鸽子、兔子、鸭、鹅、驴等特色畜禽养殖规模不断扩大，2019 年末，鸽子存栏 527.49 万只，同比增长 50.6%；鸽子出栏 1632.56 万只，同比增长 210%。

林果业方面，通过优化区域布局、强化林果定位、科学管理、品牌建设工作，重点发展核桃、红枣、葡萄、石榴等干鲜食、耐储运的林果树种。2010~2019 年，水果面积由 93.86 万亩增长到 325.04 万亩，增长了 246.30%，其中，红枣增长了 171.62%、葡萄增长了 19.16%、杏调减了

37.59%、核桃增长了 6.69%。水果产量增长了 240.43%，其中，红枣增长了 1170%、葡萄增长了 73.13%、杏增长了 34.69%。①

绿色原料基地建设及农产品加工情况方面，2019 年末，和田地区共有无公害农产品 14 个，认证绿色食品 10 个、有机食品 2 个、农产品地理标志保护产品 17 个。绿色食品原材料生产基地建设方面，在原有 30 万亩以和田薄皮核桃为主的全国绿色食品原料标准化生产基地基础上，全面启动了和田薄皮核桃全国绿色食品原料标准化生产基地创建工作，将和田地区 6 县 1 市和田薄皮核桃纳入全国绿色食品原料基地创建范围，成为全国唯一面积最大的绿色食品原料基地。品牌建设方面，形成了"果之初"薄皮核桃、阿布丹核桃玛仁糖、和田玉枣、尤再尔冰糖、"皮亚曼"石榴等新疆名牌产品。农产品加工业方面，2019 年末，农产品加工企业 107 家，通过农产品加工企业带动，全地区 30% 的农产品实现了初级加工。

农业改革稳步推进，"十三五"期间，农村土地承包经营权确权登记颁证工作已完成，颁证发放率 100%；土地流转不断加快，成立县、乡农村土地流转服务中心，农村承包地流转面积占家庭承包经营耕地面积的比例逐步提高。新型农业经营主体不断壮大，2020 年，地区有国家级农业合作社示范社 5 家、自治区级示范社 30 家。

二、存在的主要问题

（一）种植业结构调整空间有限

全地区耕地面积少，且"林粮间作"耕地面积占 85% 以上，随着林粮间作果树逐年长大，林、粮、草、蔬菜等争地、争水矛盾日益突出，农业产业结构调整的空间有限，制约了粮食生产能力的提升，导致小麦、棉花、蔬菜、

---

① 数据来源于 2011~2020 年《新疆统计年鉴》。

林果产量下降，品质受到影响。

（二）畜牧业生产水平不高

牛羊养殖较为分散，千家万户养殖模式所占比重较大，受传统养殖观念及农牧民文化素质制约，标准化饲养规程及先进繁育技术推行缓慢，造成畜牧业生产效率偏低。畜牧产业化程度不高，缺乏龙头企业带动，养殖专业合作社和养殖大户数量少、规模小，区域"龙头企业+养殖合作社+养殖大户"生产经营模式发展缓慢，畜牧业生产规模化市场经营主体培育滞后，产业链尚未形成，发展畜牧业贷款困难。饲草料产业发展滞后，种植牧草同比核桃、棉花效益低200~400元/亩，农民种草积极性不高。农作物秸秆有效利用率仍偏低。良繁体系建设滞后，畜禽供种能力不足。肉羊配套生产技术落后，畜牧科技推广应用程度不高，良种化程度低，肉羊产业发展缓慢。

（三）林果业经济回报率低

林果主打品种为核桃、红枣、葡萄等，因生产周期长，市场价格变动较大，产值较低，回报率低，一定程度上影响了企业和群众投资产业开发的积极性，制约了产业发展。林果产品加工企业整体上来说刚刚起步，企业规模小，产品档次低，产业获利甚微，影响了大企业介入林果产业的积极性。

（四）农业产业化程度不高

全地区农产品加工业基本以小型企业为主，基本为初加工、半成品和粗加工，缺乏深加工和精加工，产品开发创新能力弱，附加值低，加工利润低。而且大部分农产品加工企业属于中小微企业，整体表现出"企业品牌不响、竞争实力不强"的现状，从事农产品粗加工的多，精深加工的少。农产品加工转化率不高，规模以上农副产品加工企业只占全地区规模以上企业数量的8.69%。农产品加工企业装备水平普遍不高，且涉农企业基本上都处于微利或亏损状态，无力进行装备改造与升级，从而导致产品技术水平不高、产品品质不佳、科技含量低。

（五）高效节水效益低

农民文化程度较低，对新技术、新方法认识不够，高效节水的积极性不高，高效节水的运行管理能力薄弱，在高效节水后期管理上基本无资金投入，后期运行维护不到位，给高效节水的建设和后期管理带来很大困难。灌区内部耕地分散不集中，灌区农作物种植品种不统一，大部分为林粮间作、复播套播，农作物需水量不同，灌溉管理复杂，且地块条田小，导致高效节水建设模式多、成本高，形成规模化的节水农业用水体系存在困难。

三、和田地区农业产业结构调整思路

（一）优化种植业结构

按照"稳粮、退棉、增菜"的总体发展思路，进一步优化产业结构和区域布局，稳定粮食面积，确保粮食安全，确保小麦播种面积不减、产量不降，提高小麦良种推广率，加快小麦品种育繁推一体化建设。大力推广粮饲兼用型玉米品种，着力解决饲草料不足问题。逐步退减次宜棉区和不宜棉区面积种植，稳控棉花面积。逐步扩大瓜果、蔬菜、油料为主的经济作物生产面积，适度扩大设施农业面积，推进设施农业提质增效，加大温室大棚蔬菜、瓜果新品种引进及推广。

（二）提高畜牧业生产水平

坚持以市场为导向，优化畜牧业生产结构，山区以发展和田羊为主，建立优质和田羊地毯毛生产基地。农区以加快发展兔、鸽、鹅、鸭、鸡等家特禽和驴、牛、多胎肉羊为主，建立优质饲草料基地、肉食基地、蛋禽生产基地。在皮山县重点发展驴、鹅、兔产业，墨玉县发展兔、羊、鸽子产业，洛

浦县发展鸽子、奶牛产业，和田县发展兔、鸽子产业，策勒县发展肉羊产业，于田县发展兔、肉羊、麻鸭产业，民丰县发展尼雅黑鸡产业，力争建设八个代表不同优势产业、不同发展模式、不同地域特点的现代畜牧业示范区。加快打造和田鸽、兔、鸭、鹅、驴等特色家禽全产业链和产业集群。加大饲草产业发展，大力发展和田大叶紫花苜蓿、青贮玉米等饲草种植，不断提高饲草单产水平。加大农区秸秆资源化利用，大力推广饲草料青贮收割、揉搓（揉碎）、打捆裹包等饲草加工技术，不断提高饲草料综合饲喂利用率。对肉、牛奶、禽蛋、兽药、饲料等开展质量安全监测，提高畜产品质量安全水平。持续做好畜牧产业收益模式推广工作，促进畜牧产业发展更加科学高效。

（三）优化林果业产品结构

重点发展核桃、红枣、葡萄、石榴、杏子等干鲜食、耐储运的林果树种。在区域布局上，核桃以和、墨、洛及皮山县为主，其他适宜种植的区域优先发展核桃。红枣以 315 国道以北靠绿洲边缘地带为主，主要分布在和田县、洛浦县、策勒县和墨玉县；主栽品种有骏枣、灰枣等；石榴以皮山县皮亚曼片区和策勒县策勒乡托帕片区为主。葡萄以历史上已经形成的传统葡萄主产区为主；主要品种为和田红、无核白、木纳格等。杏主要布局在浅山区和已经建成的精品杏园。探索粮食退出林粮间作模式，采取间作套种矮杆作物或蔬菜发展模式，兼顾各个产业发展，最大限度地发挥土地资源和水肥投入的综合效益。

（四）提升农产品加工销售能力

加快建设农产品生产、加工、运输、仓储、配送到消费一体化的现代农产品物流体系，构建功能完善、交易规范的农产品批发市场。探索构建和田农产品收购网和疆外销售网，在北京、天津、安徽对口援疆省（市）集中布局和田特色农产品经营网点、社区店。

（五）强化农业基础设施保障作用

加强高标准农田建设，进一步完善输水和田间节水，开展常规节水为主的渠系防渗配套建设，田间节水方面对林粮间作、林草间作等套种区域可采用低压管道灌或沟灌等方式，提高灌溉水利用率，发挥节水农业技术的综合效益。稳步推进农业改革，通过土地经营权流转和入股等形式，发展农业规模经营新型经营主体。

参考文献

［1］曹树生，黄心诚．农业产业结构调整的影响因素［J］．甘肃农业，2006（3）：39.

［2］曹昭义．对我国当前农业结构调整的若干思考［J］．经济问题，2002（7）：32-34.

［3］段贞锋．"三权分置"背景下农地流转面临的风险及其防范［J］．理论导刊，2017（1）：88-92.

［4］放眼南疆四地州——南疆之特［EB/OL］．http：//news．ts．cn/system/2017/05/28/012659565．shtml，2017-05-28.

［5］冯慧慧．基于"三权分置"的农户土地流转意愿分析［J］．农业经济与科技，2016（15）：30-32.

［6］高强，孔祥智．中国农业结构调整的总体评估与趋势判断［J］．改革，2014（11）：80-91.

［7］胡震，朱小庆吉．农地"三权分置"的研究综述［J］．中国农业大学学报（社会科学版），2017，34（1）：106-117.

［8］纪念改革开放40周年系列选题研究中心．重点领域改革节点研判：供给侧与需求侧改革［J］．改革，2016（1）：35-51.

[9] 江维国，李立清．我国农业供给侧问题及改革 [J]．广东财经大学学报，2016（5）：84-91.

[10] 江小国、洪功翔．农业供给侧改革：背景、路径与国际经验 [J]．现代经济探讨，2016（10）：35-39.

[11] 江艳军，黄英．农村基础设施对农业产业结构升级的影响研究 [J]．资源开发与市场，2018，34（10）：1400-1405.

[12] 孔祥智．农业供给侧结构性的基本内涵与政策建议 [J]．宏观经济与微观运行，2016，264（2）：104-115.

[13] 林罕．广西玉林市土地流转发展策略分析 [J]．玉林师范学院学报（哲学社会科学），2016（4）：49-53.

[14] 刘楠．农业产业结构调整与农业经济发展的灰色关联度分析——以黑龙江省为例 [J]．安徽农业科学，2010，38（14）：7597-7598.

[15] 刘睿，任怡，张敬．湖北省农村土地流转现状、问题及影响因素研究 [J]．决策与信息，2016（8）：101-107.

[16] 刘松颖．农业产业结构调整对农民增收和节能降耗影响实证分析 [J]．商业时代，2013（19）：113-116.

[17] 卢良恕.21世纪我国农业和农村经济结构调整方向 [J]．中国农业资源与区划，2002（4）：1-3.

[18] 吕文新．新疆水资源管理的现状、问题与改革探析 [J]．农田水利，2018（7）：77.

[19] 苗杰.2010~2011年烟台地区农业产业结构调整对农民收入的影响 [J]．安徽农业科学，2013，41（4）：1777-1778.

[20] 宁建葵．农业产业结构调整存在的问题及对策 [J]．现代农业科技，2010（13）：393-394+399.

［21］乔晶. 农业结构调整与市场支持体系［J］. 农村经济，2004（6）：40-43.

［22］秦德智，邵惠敏. 我国农业产业结构调整动因分析——基于扩展的柯布-道格拉斯生产函数［J］. 农村经济，2016（5）：59-63.

［23］秦德智，邵慧敏，秦超. 我国四大地区农业产业结构分析——基于 DSSM 模型的实证研究［J］. 技术经济与管理研究，2015（9）：124-128.

［24］史彰民. 产业结构变动视角下农业经济发展路径研究［J］. 农业经济，2017（9）：15-16.

［25］孙志远. 关于新疆农业水价综合改革的现状问题及对策创新分析［J］. 珠江水运，2018（10）：90-91.

［26］唐萍，刘健. 当前我国农业产业结构调整面临的主要问题与建议［J］. 农业经济，2004（3）：52-53.

［27］田燕. 论我国农业产业结构的战略性调整［M］. 武汉：中国地质大学出版社，2007.

［28］汪宝军. 浅谈新疆农业水资源利用效率与农户灌溉经济效益［J］. 湖北农机化，2017，5：45-46.

［29］王金河，徐鹏杰. 农村土地流转中存在的问题及其改进策略［J］. 湖北农业科学，2015（10）：2552-2556.

［30］王萍. 当前我国农业产业结构调整面临的主要问题与建议［J］. 农业经济，2004（3）：52-53.

［31］王雅鹏. 农业结构调整的动力机制分析［J］. 经济问题，2001（2）：54-56.

［32］魏学武. 当前农业结构调整的几个问题［J］. 中国农村经济，1999（5）：25-27.

［33］吴春辉．新疆农业节水灌溉现状分析［J］．吉林水利，2019
（3）：41．

［34］熊德平．农业产业结构调整的涵义、关键、问题与对策［J］．农业
经济问题，2002（6）：20-25．

［35］熊善丽．试论农业产业转移与农业产业结构调整［J］．经济师，
2003（4）：158-160．

［36］徐丽华．农业产业结构调整面临的问题分析及措施思考［J］．山西
农经，2017（4）：17．

［37］徐星明，杨万江．我国农业现代化进程评价［J］．农业现代化研
究，2000（5）：276-282．

［38］许立新．甘肃省农业产业结构调整［D］．上海：上海交通大学硕
士学位论文，2004．

［39］许瑞泉．经济新常态下我国农业供给侧结构性改革路径［J］．甘肃
社会科学，2016（6）：178-183．

［40］薛亮．关于当前农业结构调整的几个问题［J］．中国农村经济，
2000（7）：8-10+14．

［41］严玉龙．新疆水资源开发利用及其可持续发展探讨［J］．水资源开
发与管理，2017（9）：18-21．

［42］杨蕾，杨兆廷．农村金融供给侧改革的必要性、内涵及创新机制
［J］．商业经济研究，2016（19）：175-176．

［43］尹成杰．三权分置：农地制度的重大创新［J］．农业经济问题，
2017，38（9）：4-6．

［44］詹锦华．福建省农业产业结构调整与农民增收的关系分析［J］．安
徽农业科学，2012，40（31）：79-84．

［45］张静，程刚，李万明．新疆农户土地流转意愿及其影响因素研究——基于玛纳斯县的调研数据［J］．新疆社会科学，2016（3）：56-62.

［46］张克俊，张泽梅．农业大省加快构建现代农业产业体系的研究［J］．华中农业大学学报（社会科学版），2015（2）：25-32.

［47］张廷伟，李莉，马晓宇．新疆农业产业结构调整与优化升级研究［J］．中国市场，2011（36）：145-146.

［48］张晓娟，庞守林．农村土地经营权流转价值评估：综述与展望［J］．贵州财经大学学报，2016（4）：103-109.

［49］张永华．基于乡村绿色发展理念的农业产业结构优化驱动力分析［J］．中国农业资源与区划，2019（4）：22-27.

［50］赵新潮．我国农村承包土地"三权分置"研究［D］．石家庄：河北经贸大学硕士学位论文，2016.

［51］郑风田．深入推进我国农业供给侧结构性改革的近路［J］．新疆师范大学学报（哲学社会科学版），2016，38（5）：41-51.

［52］郑风田．我国农业结构调整的新思路——规模化、特色化与专业化产业区发展模式［J］．农村经济，2004（6）：1-4.

［53］周开忠．立足结构调整　优化农业发展［J］．农业经济问题，2000（1）：9-11.

［54］Weitz R. From Peasant to Farmer：A Revolutionary Strategy for Development［M］．New York：Columbia University Press，1971.